Schmor & more

Schmor & more

100 Rezepte für Mini-Bräter und Cocottes

José Maréchal
Fotos Charlotte Lascève
Styling Élodie Rambaud

CHRISTIAN

Aus Gusseisen oder Keramik, rund oder oval, farbig oder eher rustikal – heute kommen kleine Töpfe mit köstlichem Inhalt auf den Tisch! Die unterschiedlichsten Rezepte lassen sich in Mini-Brätern und Cocottes zubereiten – in der Tat ist nichts einfacher, als die eigenen Lieblingsrezepte umzuwandeln. Oder lassen Sie sich von saisonalen Produkten oder einem bestimmten Motto inspirieren und kreieren Sie ganz nach Lust und Laune kleine Topfgerichte, die sowohl für den Gaumen als auch fürs Auge viel zu bieten haben.

Eier, Geflügel, Gemüse – Lebensmittel, die wir täglich verwenden, erscheinen im Handumdrehen in völlig neuem Gewand, mit Jakobsmuscheln oder Foie gras wird aus schlichten Töpfchen ein kleines Luxusgericht und mit einer knusprigen Teighaube bedeckt ein Überraschungsschmaus. Was der Kühlschrank gerade hergibt, können Sie nach Ihrem Geschmack kombinieren und auf diese Weise ganz fix köstliche Resteverwertungstöpfe auf den Tisch zaubern.

Schluss mit unansehnlich präsentierten Portionen, mit Saucenbädern und überfüllten Tellern: Die kleinen Töpfchen werden direkt aus dem Ofen serviert, schön heiß und herrlich duftend. Die nicht zu mächtigen Einzelportionen machen Ihren Gästen Appetit auf ein ganzes Menü rund um die Cocottes.

Zu Beginn einer Mahlzeit serviert – etwa als Mini-Gang nach Rezepten aus der Bistro- oder exotischen Küche – sorgen die hübschen Töpfchen für einen kleinen Überraschungseffekt und einen gelungenen Einstieg in eine gesellige Tafelrunde.

Ich schlage vor, Sie begeben sich gleich auf die Reise durch das Buch, auf der Sie einfache und raffinierte Rezepte entdecken werden, Heimisches und Exotisches, Leichtes und manchmal auch Deftiges, aber auch Tipps und Grundrezepte für Marinaden, mit denen Sie Ihre eigenen Kreationen variieren können, und Ideen für Kombinationen, die Sie dabei unterstützen, ganze Töpfchen-Menüs selbst zusammenzustellen.

Na, dann mal ran an die Töpfchen ... und guten Appetit!

Gut zu wissen

PORTIONIEREN
Schneiden Sie die Zutaten in Stücke, die sich in etwa an der Größe der Mini-Bräter orientieren. Dies garantiert nicht nur ein schnelleres und gleichmäßiges Garen, die kleinen Gerichte lassen sich so auch einfach besser essen.

VORGAREN
Braten Sie Fleischstücke an, blanchieren Sie Gemüse in kochendem Wasser und dünsten oder karamellisieren Sie manche Obstsorten, bevor Sie etwas Fond, Bouillon, Wein oder Sahne zugeben, um ein Austrocknen beim Fertiggaren zu vermeiden.

MARINIEREN
Manchen Zutaten tut eine Marinade gut. Legen Sie Fleischstücke oder Fisch vor dem Garen einige Zeit in eine Gewürz- oder Kräutermischung, pur oder mit Olivenöl verrührt, oder verwenden Sie mehr oder weniger exotische Saucen, Zitrusfruchtsäfte, Honig, ... für eine Marinade. Tipps dazu finden Sie auch auf Seite 60 und 61.

GAREN
Die Schlussrunde für die Mini-Töpfchen! Sie findet meistens im Backofen statt.

IM WASSERBAD *(BAIN-MARIE)*
Dazu die kleinen Töpfe zum Garen auf ein zur Hälfte mit Wasser gefülltes Backblech mit hohem Rand stellen und in den auf mittlere Hitze (150 °C) vorgeheizten Backofen schieben.

SCHMOREN
Dabei werden die Zutaten in den bis zur Hälfte mit Flüssigkeit (Bouillon, Jus-Sahne-Mischung, Marinade, …) und aromatischen Würzzutaten gefüllten Töpfchen gegart.

BRATEN
Bei dieser Garmethode werden die Mini-Bräter, in denen sich die bereits vorgegarten bzw. blanchierten Zutaten befinden, im sehr heißen Backofen gebraten, was ihnen eine appetitlich goldbraune Färbung verleiht.

GRATINIEREN
Die bereits gegarten Zutaten werden im Töpfchen mit geriebenem Käse oder Semmelbröseln und Butterflöckchen bestreut oder mit einer Käse-Sahnehaube versehen, kurz unter dem Backofengrill überbacken und dann knusprig braun serviert.

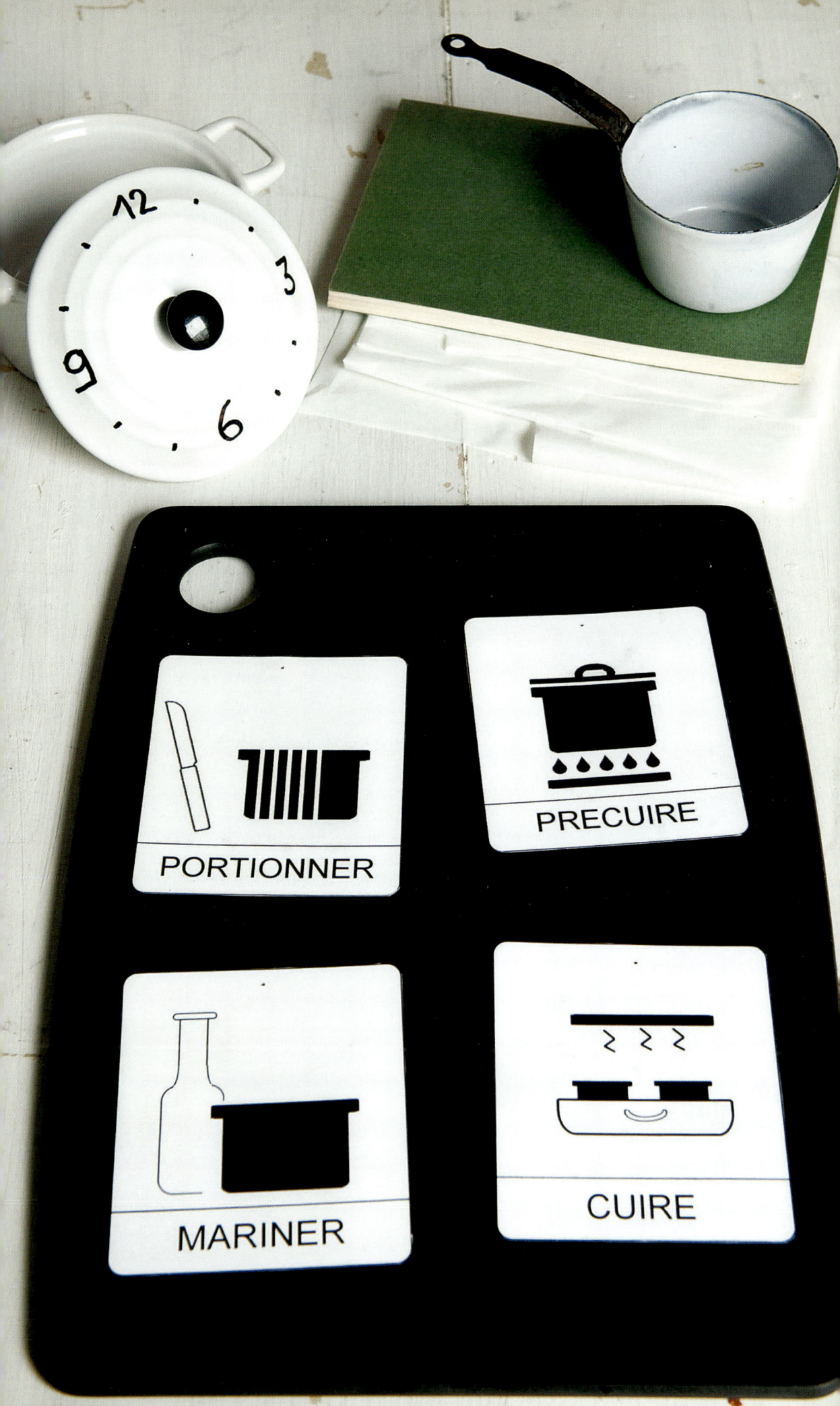

Cocottes surprises – lauter gelungene Überraschungen

BLÄTTERTEIG ODER MÜRBETEIG:
Aus dem Teig Kreise mit etwa 13 cm Durchmesser ausschneiden, um die gefüllten Mini-Bräter damit zu belegen. Mit ein wenig verquirltem Eigelb bestreichen und als Deckel auf die Mini-Bräter legen, so konzentrieren sich Aroma und Geschmack im Topf. Die Töpfchen mit ihrer goldbraun gebackenen Teighaube, unter der sich so manche köstliche Überraschung versteckt, werden frisch aus dem Ofen zu Tisch gebracht, wo die Gäste genüsslich das Geheimnis lüften, indem sie die Haube aufbrechen …

FILOTEIG:
Filoteig ist ein sehr dünner Teig, der in der östlichen Mittelmeerküche verwendet wird. Die Dicke kann um einige Millimeter schwanken, für eine knusprige Haube ist der Filoteig dennoch immer dünn genug. Gefrorener Filoteig muss langsam auftauen, er braucht zwei bis drei Stunden. Die Packung sollte man erst unmittelbar vor Gebrauch öffnen und die Teigblätter beim Verarbeiten mit einem feuchten Tuch bedecken, sonst werden sie schnell trocken und brüchig. Filoteig muss lediglich nach der Angabe im Rezept mit den entsprechenden Zutaten eingepinselt werden und lässt sich dann hervorragend zum Bedecken der Schmortöpfchen verwenden. Man findet ihn im Kühlregal in griechischen und türkischen Lebensmittelgeschäften, manchmal auch in größeren Supermärkten.

BRIKTEIG:
Das nordafrikanische Pendant zum Filoteig ist geschmeidig und lässt sich gut verarbeiten. Er wird meist vakuumverpackt im Kühlregal angeboten. Auch er eignet sich bestens dafür, das Innenleben der Cocottes zu verbergen und sie in optisch ansprechende kleine Überraschungen zu verwandeln. Schneiden Sie den Teig der Breite nach vorsichtig in Streifen und bestreichen Sie diese entsprechend der Rezeptangabe leicht mit zerlassener Butter, Olivenöl, Honig oder Ahornsirup; verwenden Sie exakt die Teigmenge, die zum Bedecken der Töpfe angegeben ist. Nur so ist gewährleistet, dass der Teig gleichmäßig und möglichst schnell bräunt.

KADAIFTEIG:
Kadaifteig ist auch unter der Bezeichnung „Engelshaar" bekannt und besteht aus zu Fadennudeln verarbeitetem frischem Teig. Er wird besonders in der orientalischen Küche verwendet und verleiht Gerichten ein originelles Aussehen und eine knusprige Konsistenz. Geben Sie die zarten, langen Fäden in eine Schüssel und trennen Sie sie vorsichtig in entsprechende Portionen, die Sie dann mit Fett, Puderzucker oder Honig tränken bzw. bestäuben und sorgfältig zu kleinen Nestern geformt auf die gefüllten Mini-Bräter setzen. Kadaifteig finden Sie ebenfalls im Kühlregal im orientalischen Lebensmittelhandel.

Kressecreme-Töpfchen mit Lachs unter der Blätterteighaube

FÜR 8 MINI-BRÄTER
Zubereitung: 30 Minuten
Kühlzeit: 15 Minuten
Garzeit: 30 Minuten

2 große Bund Kresse
½ Stange Lauch, nur der weiße Teil
½ Stange Staudensellerie
1 Knoblauchzehe
20 g Butter
1,5 l Wasser
600 g frisches Lachsfilet ohne Haut
150 ml Sahne

Muskatnuss, frisch gerieben
8 Blätterteigkreise bzw. -ovale, etwas größer als die Töpfchen
3 Eigelb
80 g Sesamsamen (optional)
Salz und Pfeffer

Vorbereiten:

Die Kresseblättchen abzupfen, in Essigwasser gründlich waschen und abtropfen lassen.

Den Lauch, den Staudensellerie und den Knoblauch fein hacken.

Die Butter bei mittlerer Hitze in einem Topf zerlassen. Den Lauch, den Staudensellerie und den Knoblauch zugeben und 1–2 Minuten anschwitzen, dann das Wasser zugießen, großzügig salzen und zum Kochen bringen. In der Zwischenzeit das Lachsfilet in etwa 40 g schwere Würfel schneiden und bis zur Weiterverwendung kalt stellen.

Die Sahne zur Brühe gießen, etwa 10 Minuten sanft einköcheln lassen, dann die Kresseblättchen hinzufügen und 5–7 Minuten köcheln lassen. Das Cremesüppchen fein pürieren, mit Muskatnuss würzen und bei Bedarf mit Salz und Pfeffer nachwürzen. Leicht abkühlen lassen, dann gleichmäßig auf die Mini-Töpfchen verteilen. Sie sollten bis zur Hälfte gefüllt sein. Die Lachswürfel hineingeben.

Fertigstellen:

Von den Blätterteigkreisen einen etwa 2 cm breiten Außenrand mithilfe eines Backpinsels mit kaltem Wasser bestreichen. Die Teigkreise mit dem angefeuchteten Rand nach unten auf die Mini-Bräter legen und gut andrücken, damit sie am Topf haften bleiben. Die Eigelbe mit ein paar Tropfen Wasser und einer Prise Salz verrühren und die Oberflächen der Blätterteigkreise damit bestreichen. Nach Belieben die Teigkreise am Rand mit Sesamsamen bestreuen.

Den Backofen auf 200 °C vorheizen. Die Mini-Bräter 15 Minuten kalt stellen, danach 15 Minuten im Ofen backen.

TIPP: Sie können die Kressecremetöpfchen bereits am Vortag zubereiten und bis zum Fertigstellen im Kühlschrank aufbewahren.

Rotbarben-Töpfchen mit Tapenade und Schmortomaten unter einer Kruste aus Engelshaar

FÜR 8 MINI-BRÄTER (am besten eignen sich ovale)
Zubereitung: 25 Minuten
Garzeit: 1 Stunde und 30 Minuten für die Schmortomaten
(lassen sich bereits am Vortag zubereiten)
plus 15 Minuten für die Mini-Bräter

1 Zweig Rosmarin
2 Zweige Thymian
5 Knoblauchzehen
250 ml Olivenöl
8 Rispentomaten
30 g extrafeiner Zucker
16 Rotbarbenfilets
250 g Tapenade aus schwarzen Oliven
200 g Kadaifteig („Engelshaar"; siehe Cocottes surprises, S. 8)
Salz und frisch gemahlener Pfeffer

Vorbereiten:

In eine flache Auflaufform den Rosmarin, den Thymian und die ungeschälten Knoblauchzehen hineingeben und mit dem Olivenöl übergießen.

Die Tomaten waschen, am unteren Ende leicht einschneiden und in die Form auf die Kräuter setzen. Mit Salz und Pfeffer würzen und mit dem extrafeinen Zucker bestreuen.

Im Backofen bei 120 °C 1 Stunde und 30 Minuten schmoren.

Danach die Tomaten in der Form bei Raumtemperatur abkühlen lassen.

Fertigstellen:

Die Schmortomaten behutsam aus dem Öl nehmen Das Öl beiseitestellen. Die Haut und den Stielansatz der Tomaten mit den Fingerspitzen abziehen. Die Tomaten auf die Mini-Bräter verteilen und leicht in die Töpfchen hineindrücken, sodass sie sich der Topfform anpassen.

Die Rotbarbenfilets parieren und, falls nötig, so zuschneiden, dass sie in die Schmortöpfchen passen.

Einen kleinen Löffel Tapenade auf die Tomaten geben und die Fischfilets so darauf arrangieren, dass sie die Oberfläche vollständig bedecken.

Den Backofen auf 180 °C vorheizen.

Die Mini-Bräter sorgfältig mit dem zu kleinen Nestern geformten Engelshaar abdecken und mit etwas Öl vom Schmoren der Tomaten beträufeln.

Im Backofen 15 Minuten erhitzen, dann sofort servieren.

Knusprige Entenbrust-Töpfchen mit Trockenfrüchten

FÜR 8 MINI-BRÄTER
Zubereitung: 30 Minuten
Garzeit: 20 Minuten

2 Beutel schwarzer Tee
120 g getrocknete Aprikosen
120 g getrocknete Pflaumen
120 g getrocknete Feigen
2 Entenbrüste
1 Päckchen Filoteig oder Briktcig
120 g flüssiger Honig
15 g Ras el-hanut (marokkanische Gewürzmischung; auch hier im Gewürzhandel erhältlich) oder Kreuzkümmel, Currypulver, Kardamom

Vorbereiten:

500 ml Wasser zum Kochen bringen, vom Herd nehmen und die Teebeutel einige Minuten darin ziehen lassen.

Danach die Teebeutel herausnehmen, die Trockenfrüchte darin einweichen und bei Raumtemperatur quellen lassen.

Die Entenbrüste auf der Fettseite mit einem Messer rautenförmig einschneiden.

Mit der Fettseite nach unten in eine antihaftbeschichtete Pfanne legen und bei sanfter Hitze etwa 7 Minuten das Fett auslassen, danach wenden und auf der fleischigen Seite 1 Minute anbraten.

Auf Küchenpapier legen und abkühlen lassen.

Währenddessen die Brik- oder Filoteigblätter mit einer Schere in 16 Streifen von 20 cm Länge und 10 cm Breite schneiden.

8 Streifen auf der Arbeitsfläche ausbreiten, mithilfe eines Backpinsels mit wenig Honig bestreichen, dann die restlichen 8 Streifen darauflegen. Die Entenbrüste quer in etwa 1 cm dicke Scheiben schneiden.

3–4 Scheiben Entenbrust mit wenig Abstand voneinander jeweils auf das eine Ende der Teigstreifen legen. Die Streifen so darüberfalten, dass die Entenbrustscheiben im Teig eingewickelt sind. Am Ende die Seiten umschlagen, sodass ein Päckchen entsteht. Auf diese Weise 8 Päckchen herstellen. Im Kühlschrank aufbewahren.

Fertigstellen:

Den Backofen auf 210 °C vorheizen.

Die eingeweichten Trockenfrüchte gleichmäßig auf die Mini-Bräter verteilen und mit etwas Tee beträufeln.

In jedes Töpfchen ein Teigpäckchen legen; die Teigpäckchen mit etwas Honig bestreichen, mit der Gewürzmischung bestreuen und etwa 7 Minuten im Ofen backen.

Aus dem Backofen nehmen und sofort servieren.

BASICS – RAFFINIERT
UNKOMPLIZIERT

Jakobsmuschel-Cocottes mit Tee und Zitronengras

FÜR 6–8 MINI-BRÄTER
Zubereitung: 25 Minuten
Garzeit: 35 Minuten

1 Chinakohl
1 l Gemüsebrühe (Gemüsefond aus dem Glas oder aus 3 Brühwürfeln hergestellt)
2 Stängel Zitronengras
25 g Teeblätter
2 EL Olivenöl
6–8 ausgelöste Jakobsmuscheln
Salz und Pfeffer

Vorbereiten:

Vom Chinakohl den Strunk herausschneiden und den Kohl in feine Streifen schneiden.

Salzwasser in einem Topf zum Kochen bringen, den Kohl 2 Minuten darin blanchieren, dann abgießen und unter fließendem kaltem Wasser abschrecken. Beiseitestellen.

Vom Zitronengras die harten Außenblätter entfernt, die untere Hälfte der Stängel in ganz feine Ringe schneiden.

Die Gemüsebrühe mit den Zitronengrasringen bei mittlerer Temperatur erhitzen. Sobald sie kocht, vom Herd nehmen, den Tee hinzufügen und ziehen lassen.

Währenddessen in einer Pfanne das Olivenöl bei hoher Temperatur erhitzen und die Jakobsmuscheln auf jeder Seite 1 Minute scharf anbraten. Auf Küchenpapier legen und beiseitestellen.

Fertigstellen:

Den Backofen auf 180 °C vorheizen.

Den Chinakohl gleichmäßig auf die Schmortöpfchen verteilen, sodass sie zur Hälfte gefüllt sind.

Die Gemüsebrühe durch ein feines Sieb oder ein Spitzsieb abseihen und den Chinakohl damit übergießen, damit er gut mit Flüssigkeit bedeckt ist.

In jedes Töpfchen eine Jakobsmuschel legen, mit Salz und Pfeffer würzen und 6–7 Minuten im Ofen erhitzen. Sofort servieren.

Jakobsmuscheln „escabeche" mit Gemüsestreifen und aromatischen Gewürzen

FÜR 8 MINI-BRÄTER
Zubereitung: 30 Minuten
Garzeit: 25 Minuten

2 Karotten
2 Zucchini
¼ Weißkohl
1 rote Paprika
1 Zwiebel
150 ml Weißwein
1 knapper EL Honig
50 ml Cidreessig (oder weißer Essig)
100 ml Olivenöl
8 Sternanis

1 EL Koriandersamen
3 Prisen Currypulver
3 Prisen Kreuzkümmel
2 Prisen Kurkuma (Gelbwurz)
2 Prisen Quatre-épices (französische Gewürzmischung aus Zimt, Gewürznelken, Muskatnuss und Pfeffer)
8 ausgelöste Jakobsmuscheln
Salz und frisch gemahlener Pfeffer

Vorbereiten:

Die Karotten schälen, das übrige Gemüse waschen. Karotten und Zucchini mithilfe einer Mandoline oder eines Gemüsehobels in feine Streifen hobeln (von den Zucchini nur die grüne Schale verwenden). Die Paprika in feine Streifen schneiden.

Die Zwiebel fein hacken.

In einer Kasserolle den Weißwein mit der Zwiebel, dem Honig, dem Essig, 80 ml Olivenöl und den Gewürzen erhitzen, bis die Mischung aufkocht, dann das Gemüse hineingeben. Gründlich mischen, dann mit Salz und Pfeffer würzen.

Bei sanfter Hitze einige Minuten unter ständigem Rühren leise köcheln lassen, bis die Mischung erneut aufkocht, dann den Deckel auflegen, vom Herd nehmen und beiseitestellen.

Fertigstellen:

Etwas Gemüse in die Schmortöpfchen geben und mit etwas Würzsud übergießen.

Die Jakobsmuscheln mithilfe eines Backpinsels mit Olivenöl bestreichen.

Eine antihaftbeschichtete Pfanne stark erhitzen, dann die Jakobsmuscheln auf jeder Seite 20 Sekunden anbraten. Auf Küchenpapier legen und beiseitestellen.

Unmittelbar vor dem Servieren die Schmortöpfchen etwa 8 Minuten bei mittlerer Hitze im Backofen erwärmen.

In der letzten Minute der Garzeit die Jakobsmuscheln hinzufügen und mit dem restlichen Würzsud übergießen.

Jakobsmuschel-Töpfchen mit Fenchel und Parmesancrackern

FÜR 6–8 MINI-BRÄTER
Zubereitung: 35 Minuten
Garzeit: 40 Minuten

3 Fenchelknollen
40 g Butter
2 EL Pastis oder anderer Anisschnaps (optional)
300 ml Sahne
200 g Parmesan, frisch gerieben
1 EL Olivenöl
6–8 ausgelöste Jakobsmuscheln
Salz und frisch gemahlener Pfeffer

Vorbereiten:

Die Fenchelknollen putzen (die grünen Stängel, den Strunk und harte, fasrige Außenteile entfernen) und in feine Scheiben schneiden.

In einem großen Schmortopf die Butter zerlassen und den Fenchel bei sanfter Hitze etwa 8 Minuten darin anschwitzen, dabei gründlich umrühren, damit er nicht am Topfboden ansetzt. Mit Salz und Pfeffer würzen.

Den Pastis (falls verwendet) und die Sahne hinzufügen und etwa 12 Minuten bei milder Hitze köcheln lassen.

Vom Herd nehmen und beiseitestellen.

Den Backofen auf 180 °C vorheizen.

Auf einem mit Backpapier ausgelegten Blech oder einer Silikonbackmatte den geriebenen Parmesan als Kreise von etwa 7 cm Durchmesser aufstreuen; darauf achten, dass die Kreise nicht zu nah beieinanderliegen.

Etwa 7 Minuten im Ofen backen.

Aus dem Ofen nehmen, 1 Minute auf dem Blech abkühlen lassen, dann mithilfe eines Spatels ablösen.

Fertigstellen:

Die Fenchel-Sahne-Mischung gleichmäßig auf die Mini-Bräter verteilen.

Die Jakobsmuscheln mithilfe eines Backpinsels mit wenig Olivenöl bestreichen.

Eine antihaftbeschichtete Pfanne stark erhitzen, dann die Jakobsmuscheln 20 Sekunden pro Seite anbraten. Auf Küchenpapier legen und beiseitestellen.

Unmittelbar vor dem Servieren die Schmortöpfchen etwa 10 Minuten bei mittlerer Temperatur im Ofen erhitzen.

In der letzten Minute der Garzeit die Jakobsmuscheln hinzufügen.

Die Schmortöpfchen mit den Parmesancrackern servieren.

Die Jakobsmuschel – 1001 Variationen

Wählen Sie beim Einkauf entweder lebende Muscheln in der Schale, von guter Größe und mit Corail (dem orangefarbenen Rogen), da bei diesen Frische und Geschmack garantiert sind, oder weichen Sie auf Tiefkühlware aus. Lebend-frische Muscheln müssen zum Garen sorgfältig vorbereitet werden. Zunächst gründlich unter fließendem Wasser waschen. Dann eine Messerklinge zwischen den Schalen entlangführen und den Schließmuskel durchtrennen. Die obere Schale abheben und den grauen Rand, der das Muschelfleisch und den Corail umgibt, mit den Fingern wegziehen. In der Schale verbliebenen Sand ausspülen. Mit der Messerklinge das Muschelfleisch dicht an der Schale abtrennen. Den kleinen weißen Schließmuskel an der Seite entfernen.

Hier finden Sie einige Ideen, wie Sie die feinen Muscheln in farbenfroher Begleitung pikant und raffiniert oder mild und sahnig im Mini-Schmortopf zubereiten können.

Achtung: Jakobsmuscheln dürfen auf keinen Fall zu lange gegart werden, daher die Muscheln zuerst nur kurz anbraten und erst in der letzten Minute der Garzeit in die Schmortöpfchen geben.

1. MIT SPECK GEBRATENE ZUCCHINI
Ein einfaches Pfannengericht aus in Olivenöl gebratenen Zucchini und feinen Speckstreifen dient als Unterlage für die feinen Muscheln.

2. STAMPFKARTOFFELN MIT SCHWARZEN OLIVEN
Junge festkochende Kartoffeln (vorzugsweise der Sorte La Ratte) kochen, schälen und mit einer Gabel zerdrücken. Großzügig mit Olivenöl aromatisieren und klein geschnittene schwarze Oliven hinzufügen.

3. SÜSSKARTOFFELPÜREE MIT KOKOSMILCH
Hier kommt mit Süßkartoffel und Kokosmilch ein wenig Exotik ins Spiel. Das feine, cremige Püree harmoniert ganz hervorragend mit den zarten Jakobsmuscheln. Wenn sie mögen, bestreuen Sie das fertige Gericht noch mit etwas frischem Koriandergrün und der Genuss ist perfekt.

4. ZARTES VITELOTTE-PÜREE
Die Kartoffelsorte Vitelotte mit ihrer hübschen lila Färbung und dem leicht nussigen Geschmack wird mit einer anderen Kartoffelsorte und etwas Sahne zusammen zu einem zarten Püree verarbeitet. Geschmacklich die reinste Harmonie, farblich ein wunderbarer Kontrast.

5. HUMMUS MIT KREUZKÜMMEL
Ein feines Püree aus Kichererbsen und Tahin (Sesampaste), ergänzt mit aromatischem Kreuzkümmel (Cumin) und einem Schuss sanfter Sahne – das macht alle glücklich!

6. KARTOFFELPÜREE MIT HIMBEEREN UND SZECHUANPFEFFER
Verleihen Sie Ihrem Kartoffelpüree gleichzeitig etwas Süße und Säure, indem Sie einige zerdrückte Himbeeren untermischen. Dazu etwas zerstoßenen Szechuanpfeffer – so wird das Püree zur feinen, eleganten Begleitung für die Jakobsmuscheln.

Pochierte Eier im Töpfchen mit Ziegenfrischkäse und Minze

FÜR 6–8 MINI-BRÄTER
Zubereitung: 25 Minuten
Garzeit: 20 Minuten

12–16 Eier
1 Glas weißer Essig
1 l Sahne
2 EL Mascarpone
1 Bund Minze
3 Taler Ziegenfrischkäse (beispielsweise Crottin de Chavignol)
Salz und frisch gemahlener Pfeffer

Vorbereiten:

Die Eier 30 Minuten vor der Verarbeitung aus dem Kühlschrank nehmen, damit sie Raumtemperatur annehmen. Eine hohe Kasserolle mit Wasser füllen, den Essig zugießen und erhitzen, bis die Flüssigkeit sanft köchelt.

In der Zwischenzeit die Eier einzeln in Auflaufförmchen aufschlagen und vorsichtig nacheinander ins leise köchelnde Wasser gleiten lassen, 3 Minuten pochieren und danach mithilfe eines Schaumlöffels behutsam aus dem Wasser heben. 1–2 Minuten in sehr kaltem Wasser abkühlen lassen. Die pochierten Eier abtropfen lassen und auf Küchenpapier legen.

In einer Kasserolle die Sahne mit dem Mascarpone erhitzen, mit Salz und Pfeffer würzen und etwa 8 Minuten bei sanfter Hitze einköcheln lassen. Die Minze waschen, die Blättchen abzupfen und in feine Streifen schneiden. Die Ziegenkäsetaler in etwa 1 cm dicke Scheiben schneiden.

Fertigstellen:

Den Backofengrill (zum Gratinieren des Ziegenfrischkäses) auf 220 °C vorheizen. In jeden Mini-Schmortopf 2 pochierte Eier geben, mit der Mascarponecreme nappieren, mit der Minze bestreuen und mit einer Scheibe Ziegenfrischkäse belegen. Die Schmortöpfchen in den Backofen schieben und 4–5 Minuten unter Aufsicht überbacken. Achtung: Die pochierten Eier dürfen nicht zu lange erhitzt werden, da sie bereits gar sind! Das Erhitzen dient lediglich dazu, dass der Ziegenkäse in der Mascarponecreme schmilzt und leicht gratiniert.

TIPP: Die pochierten Eier können bereits am Vortag zubereitet und bis zum Fertigstellen des Gerichts in Wasser gelegt und mit Frischhaltefolie abgedeckt im Kühlschrank aufbewahrt werden.

Gemüse-Frittata

FÜR 6–8 MINI-BRÄTER
Zubereitung: 20 Minuten
Garzeit: 40 Minuten

2 Karotten
2 Zwiebeln
2 Zucchini
1 rote Paprika
50 ml Olivenöl
50 g weiche Butter
8 Eier
100 ml Sahne
1 Msp. Cayennepfeffer
Einige frische Kräuter, gehackt
100 g Käse, gerieben
Salz

Vorbereiten:

Die Karotten und die Zwiebeln schälen. Zucchini und Paprika waschen und putzen. Das Gemüse in kleine Würfel schneiden, die Zwiebeln hacken.

In einem Wok oder einer Sauteuse das Olivenöl erhitzen und das zerkleinerte Gemüse bei mittlerer Temperatur etwa 10 Minuten unter Rühren vorgaren. Abtropfen lassen und auf Raumtemperatur abkühlen lassen.

Fertigstellen:

Mithilfe eines Backpinsels die Mini-Bräter mit der weichen Butter einpinseln.

In einer großen Schüssel die Eier mit der Sahne, dem Cayennepfeffer, den gehackten Kräutern, dem geriebenen Käse und etwas Salz aufschlagen.

Den Backofen auf 180 °C vorheizen.

Das Gemüse gleichmäßig auf die Schmortöpfchen verteilen, sodass sie zu zwei Dritteln gefüllt sind. Mit der Eiersahne übergießen. Die Töpfchen auf ein zur Hälfte mit Wasser gefülltes Blech mit hohem Rand stellen und etwa 30 Minuten im Wasserbad im Ofen garen.

Die Mini-Schmortöpfe aus dem Ofen nehmen und sofort servieren. Mit grünem Blattsalat oder als vollwertige vegetarische Schmortöpfchen-Mahlzeit zusammen mit Gratinierter Polenta mit Tomatensauce (Rezept auf Seite 128) servieren.

Eier-Waldpilz-Cocottes

FÜR 6–8 MINI-BRÄTER
Zubereitung: 25 Minuten
Garzeit: 15 Minuten

2 Knoblauchzehen
½ Bund Petersilie
100 ml Olivenöl
1 kg frische Waldpilze wie Pfifferling, Steinpilz, Austernpilz, Mairitterling oder eine Tiefkühl-Pilzmischung
600 ml Sahne
6–8 Eier
Salz und frisch gemahlener Pfeffer

Vorbereiten:

Den Knoblauch schälen. Von den Petersilienstängeln die Blättchen abzupfen. Knoblauch und Petersilie fein hacken.

Die Pilze putzen, größere Pilze klein schneiden. Falls Tiefkühlpilze verwendet werden, diese in einem Sieb vollständig auftauen und abtropfen lassen.

Das Olivenöl in einer Pfanne oder einem Wok erhitzen, dann die Pilze mit dem Knoblauch und der Petersilie darin anbraten. Mit Salz und Pfeffer würzen. Die Pilze in ein Sieb geben, damit überschüssige Flüssigkeit abtropfen kann.

Fertigstellen:

Den Backofen auf 170 °C vorheizen.

Die Pilze gleichmäßig auf die Mini-Schmortöpfe verteilen.

Die Cocottes in ein ofenfestes Wasserbad stellen. In jedes Töpfchen so viel Sahne gießen, dass die Pilze bedeckt sind, dann vorsichtig ein Ei aufschlagen und in die Mitte gleiten lassen. Die Schmortöpfchen für 7–8 Minuten in den Backofen schieben.

Den Garvorgang beaufsichtigen und darauf achten, dass die Eigelbe cremig bleiben. Die Eier-Waldpilz-Cocottes aus dem Ofen nehmen und sofort servieren. Brotscheiben in breite Streifen schneiden und dazu reichen. Nach Belieben mit ein oder zwei Umdrehungen aus der Pfeffermühle übermahlen.

Baskische Eier im Schmortöpfchen

FÜR 6–8 MINI-BRÄTER
Zubereitung: 15 Minuten
Garzeit: 30–35 Minuten

2 Zwiebeln
2 Knoblauchzehen
2 rote Paprika
2 gelbe Paprika
3 EL Olivenöl
2 Prisen Piment d'Espelette (mittelscharfes Chilipulver)
2 Prisen extrafeiner Zucker
1 kleine Dose geschälte Tomaten
6–8 Eier
Salz und Pfeffer

Vorbereiten:

Die Zwiebeln und die Knoblauchzehen schälen, die Paprika von Samen und Scheidewänden befreien.

Den Knoblauch durchpressen, die Zwiebeln und die Paprika klein schneiden. Das Olivenöl mit dem Knoblauch in eine Kasserolle geben und bei mittlerer Temperatur erhitzen, dann die Zwiebeln und die Paprika darin anschwitzen. Danach das Chilipulver, den Zucker und die abgetropften und halbierten Tomaten hinzufügen. Mit Salz und Pfeffer würzen und 20–25 Minuten bei niedriger Temperatur unter gelegentlichem Rühren garen.

Fertigstellen:

Den Backofen auf 180 °C vorheizen.

Das baskische Gemüse gleichmäßig auf die Mini-Schmortöpfe verteilen.

Die Schmortöpfchen in ein ofenfestes Wasserbad stellen. Die Eier vorsichtig aufschlagen und in die Mitte der Schmortöpfchen gleiten lassen. In den Backofen schieben und 7–8 Minuten garen.

Eier in Rotweinsauce

FÜR 6–8 MINI-BRÄTER
Zubereitung: 20 Minuten
Garzeit: 35 Minuten

750 ml Rotwein
1 TL extrafeiner Zucker
1 Zwiebel
3 Schalotten
50 g Butter
180 g geräucherte Speckstreifen
6–8 Eier
Frisch gemahlener Pfeffer

Vorbereiten:

Den Rotwein in eine mittelgroße Kasserolle gießen und zum Kochen bringen. Sobald der Wein zu kochen beginnt, die Kasserolle vom Herd nehmen und den Wein flambieren, damit der Alkohol verbrennt. Die Kasserolle bei mittlerer Hitze zurück auf den Herd stellen, den Zucker zugeben und um gut die Hälfte einkochen lassen, bis er eine leicht sirupartige Konsistenz annimmt.

In der Zwischenzeit die Zwiebel und die Schalotten schälen und fein hacken. Bei milder Hitze etwa 15 Minuten in der Butter anbraten, bis sie weich sind. Die Speckstreifen hinzufügen und etwa 5 Minuten braten. In einem Sieb abtropfen lassen und beiseitestellen.

Fertigstellen:

Den Backofen auf 180 °C vorheizen.

Die Speckmischung gleichmäßig auf die Mini-Schmortöpfe verteilen und mit der Rotweinreduktion übergießen, bis die Töpfchen halb voll sind.

Die Schmortöpfchen in ein ofenfestes Wasserbad stellen. Die Eier vorsichtig aufschlagen und in die Mitte der Schmortöpfchen gleiten lassen.

In den Backofen schieben und 7–8 Minuten garen. Mit einer Umdrehung aus der Pfeffermühle übermahlen und sofort servieren. Bauernbrotscheiben in breite Streifen schneiden und dazu reichen.

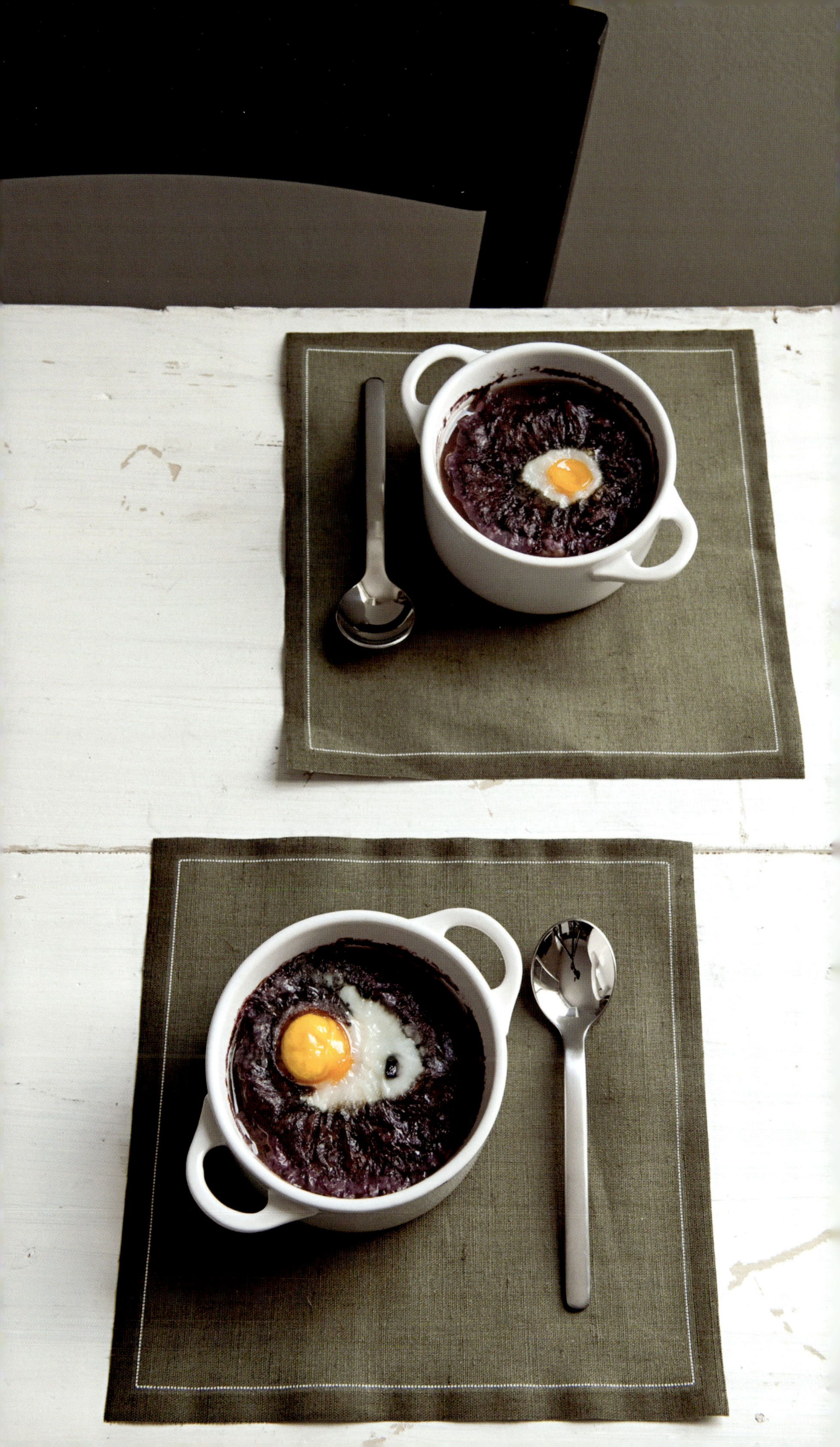

Pochierte Eier mit Bacon im Schmortöpfchen

FÜR 6–8 MINI-BRÄTER
Zubereitung: 25 Minuten
Garzeit: 20 Minuten

12–16 Eier
200 ml weißer Essig
6–8 Scheiben Bacon (durchwachsener Frühstücksspeck)
1 l Sahne
2 EL Mascarpone
Salz und frisch gemahlener Pfeffer

Vorbereiten:

Die Eier 30 Minuten vor der Verarbeitung aus dem Kühlschrank nehmen, damit sie Raumtemperatur annehmen.

Einen hohen Topf mit Wasser füllen, den Essig zugießen und erhitzen, bis die Flüssigkeit sanft köchelt.

In der Zwischenzeit die Eier einzeln in Auflaufförmchen aufschlagen. Vorsichtig nacheinander ins leise köchelnde Wasser gleiten lassen, 3 Minuten pochieren und danach mithilfe eines Schaumlöffels behutsam aus dem Wasser heben.

1–2 Minuten in sehr kaltem Wasser abschrecken, um den Garvorgang zu unterbrechen.

Die pochierten Eier abtropfen lassen und auf Küchenpapier legen.

Die Hälfte des Bacon klein schneiden.

In einer Kasserolle die Sahne, den Mascarpone und den zerkleinerten Bacon erhitzen, mit Pfeffer würzen und etwa 8 Minuten bei milder Hitze einköcheln lassen.

Fertigstellen:

Den Backofengrill auf 220 °C vorheizen.

In jeden Mini-Schmortopf 2 pochierte Eier geben und mit der Speckcreme nappieren. Mit den restlichen Schinkenscheiben belegen und im Ofen unter Aufsicht 4–5 Minuten überbacken. Achtung: Die pochierten Eier dürfen nicht zu lange erhitzt werden, da sie bereits gar sind! Es soll lediglich der Frühstücksspeck leicht gegrillt werden.

Die Schmortöpfchen aus dem Ofen nehmen und sofort servieren. Brotscheiben in breite Streifen schneiden und dazu reichen oder im Rahmen eines Schmortöpfchen-Brunchs mit einem Brötchen aus dem Mini-Schmortopf (Rezept auf Seite 134) als Beilage und einem Orangen-Sabayon mit Zimt (Rezept auf Seite 178) als Dessert servieren.

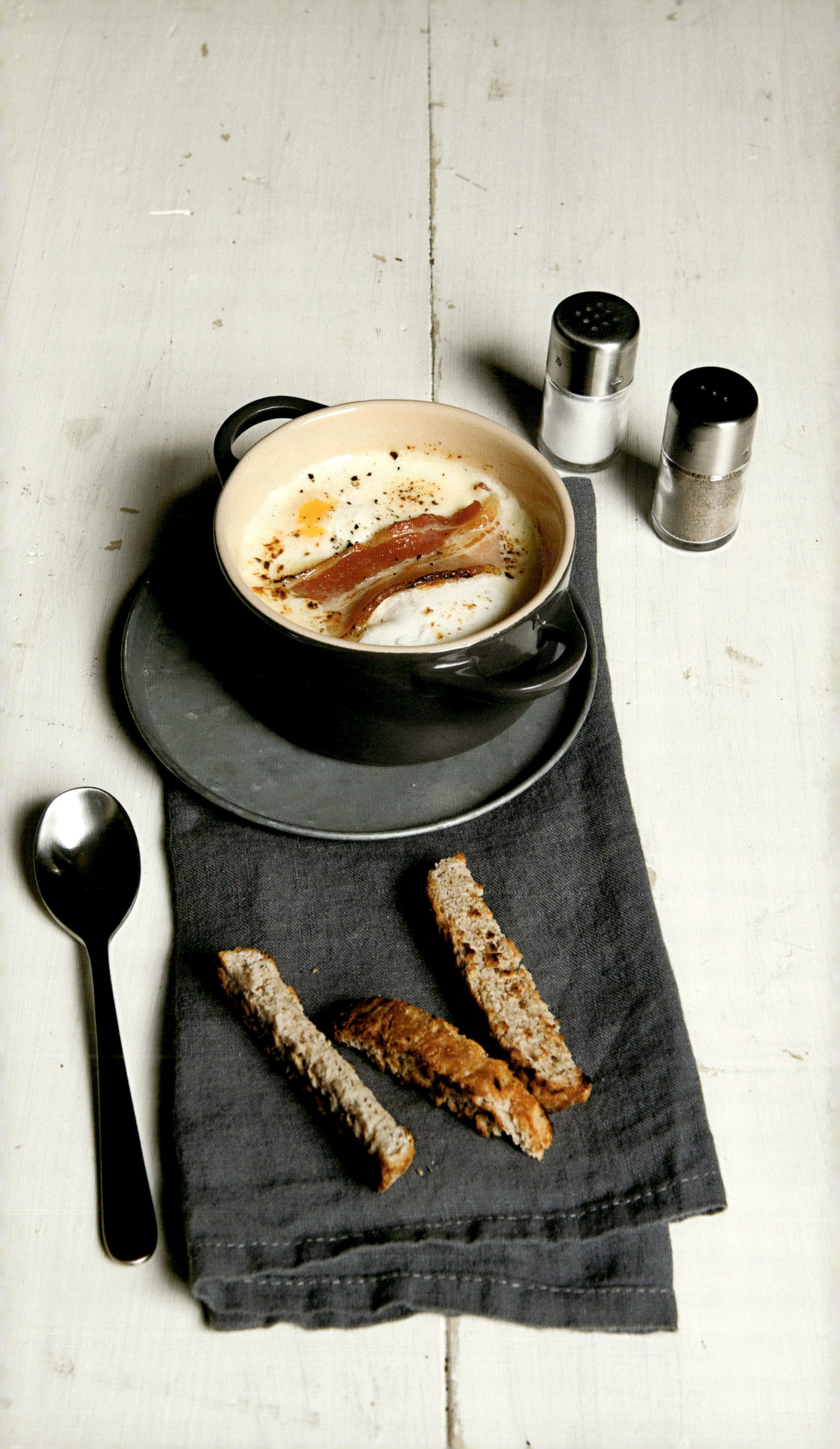

Das Ei – 1001 Variationen

Je nach Stimmung, dem Inhalt des Einkaufskorbs nach einem Gang über den Markt oder den Resten, die noch vom Sonntag übrig sind, lassen sich Eiergerichte im Schmortöpfchen in vielerlei Variationen zubereiten.

Ein einfaches Thema, das sich stets von Neuem problemlos abwandeln lässt:
2 Eier mit etwas Sahne und weiteren Zutaten nach Wahl 10 Minuten im heißen Ofen backen …
Wenn dann das Eiweiß gerade eben gar ist und das Eigelb noch leicht flüssig, ist das ein Genuss für Jung und Alt!

Leicht, ganz klassisch oder auch einmal raffiniert – hier einige meiner Lieblingsvariationen:

GETROCKNETE TOMATEN UND PESTO:
Gewöhnlich als Antipasto oder klein geschnitten im Salat serviert, ist eine kleine Menge getrockneter Tomaten ausreichend, um die Eier im Schmortöpfchen zu aromatisieren. Wer denkt da nicht an die Kombination mit Basilikum, das – unmittelbar vor dem Servieren hinzugefügt – den Eiern einen herrlich sommerlichen Touch verleiht.

FOIE GRAS:
Frische Gänsestopfleber, dieser köstliche Klassiker, der in der Regel an Festtagen auf den Tisch kommt, macht aus dem Eiergericht etwas Luxuriöses – warum auch bis Weihnachten warten, um sich zu verwöhnen!

DREIERLEI KÄSE UND WALNÜSSE:
Hierfür eignen sich (fast) alle Käsesorten. Normalerweise wandern Käsereste in eine Quiche oder in ein Omelette – im Mini-Schmortopf bilden sie eine cremige Hülle für die Eier. Die Walnüsse ergänzen das Aroma und sorgen für etwas Biss.

GRÜNER SPARGEL UND COPPA:
Die guten Eigenschaften des Spargels sind seit der Antike bekannt; die Griechen weihten ihn der Göttin der Liebe. Vorgegart und mit fein aufgeschnittenen Scheiben würziger Coppa zubereitet, wird aus den Spargeln zusammen mit den Eiern eine raffinierte Vorspeise.

FRISCHE KRÄUTER:
Mögen Sie es besonders frisch und leicht: Fein gehackte frische Kräuter wie Schnittlauch, Petersilie, Koriandergrün, Estragon, Minze, … verfeinern im Handumdrehen Ihre Eiergerichte im Schmortöpfchen.

GEKOCHTER SCHINKEN UND CHEDDAR:
Eier im Mini-Schmortopf, das ist etwas für Kinder, sagen Sie? Durchaus, aber nicht nur Kinder lieben sie! Hier können auch Ihre Kinder mitwirken und Vorschläge für neue Kombinationen machen. Nach dem Motto: Jedem sein eigenes Rezept!

Neue Kartoffeln, Frühlingszwiebeln und Knoblauch im Minitopf

FÜR 6–8 MINI-BRÄTER
Zubereitung: 30 Minuten
Garzeit: 40 Minuten

700 g kleine neue Kartoffeln
1 Knolle Knoblauch
1 Bund Frühlingszwiebeln
50 g Butter
3 EL Olivenöl
1 Zweig Rosmarin (optional)
500 ml Geflügelbouillon (Geflügelfond aus dem Glas oder aus 2 Brühwürfeln hergestellt)
Kristallsalz und frisch gemahlener Pfeffer

Vorbereiten:

Die neuen Kartoffeln gründlich waschen und zum Trocknen auf ein sauberes Geschirrtuch legen.

Die Knoblauchknolle in einzelne Zehen trennen, diese jedoch nicht schälen.

Den Wurzelansatz und das dunkelgrüne Ende der Frühlingszwiebeln abschneiden, dabei einen kurzen Teil des hellgrünen Stängels an der Zwiebel belassen, dann die Zwiebeln waschen.

Die Butter mit dem Olivenöl in einer Sauteuse erhitzen, die Kartoffeln und die Knoblauchzehen hineingeben. Mit Salz und Pfeffer würzen und 10 Minuten bei mittlerer Hitze unter ständigem Rühren anbraten, bis die Kartoffeln leicht gebräunt sind.

In der Zwischenzeit einen Topf zur Hälfte mit Salzwasser füllen. Das Wasser zum Kochen bringen und die Frühlingszwiebeln 3–4 Minuten darin vorgaren. Unter fließendem kaltem Wasser abschrecken und zum Trocknen auf ein sauberes Geschirrtuch oder auf Küchenpapier legen.

Fertigstellen:

Den Backofen auf 150 °C vorheizen.

Vom Rosmarinzweig (falls verwendet) die Nadeln abstreifen, über die Kartoffeln streuen und diese zusammen mit den Knoblauchzehen und den Frühlingszwiebeln gleichmäßig auf die Mini-Schmortöpfe verteilen.

Den Geflügelfond erhitzen oder die Brühwürfel in 500 ml heißem Wasser auflösen, dann etwas Geflügelbouillon in jedes Schmortöpfchen gießen.

Im Ofen etwa 20 Minuten garen. Durch Einstechen mit einem spitzen Messer prüfen, ob die Kartoffeln gar sind.

Die Schmortöpfchen mit etwas Kristallsalz und frisch gemahlenem Pfeffer bestreut servieren, entweder als Beilage zu einem Schmorgericht, zu grilltem Fleisch oder als rustikale Mahlzeit in Kombination mit einer Mini-Lammterrine mit Mangold und Ziegenkäse (Rezept auf Seite 140).

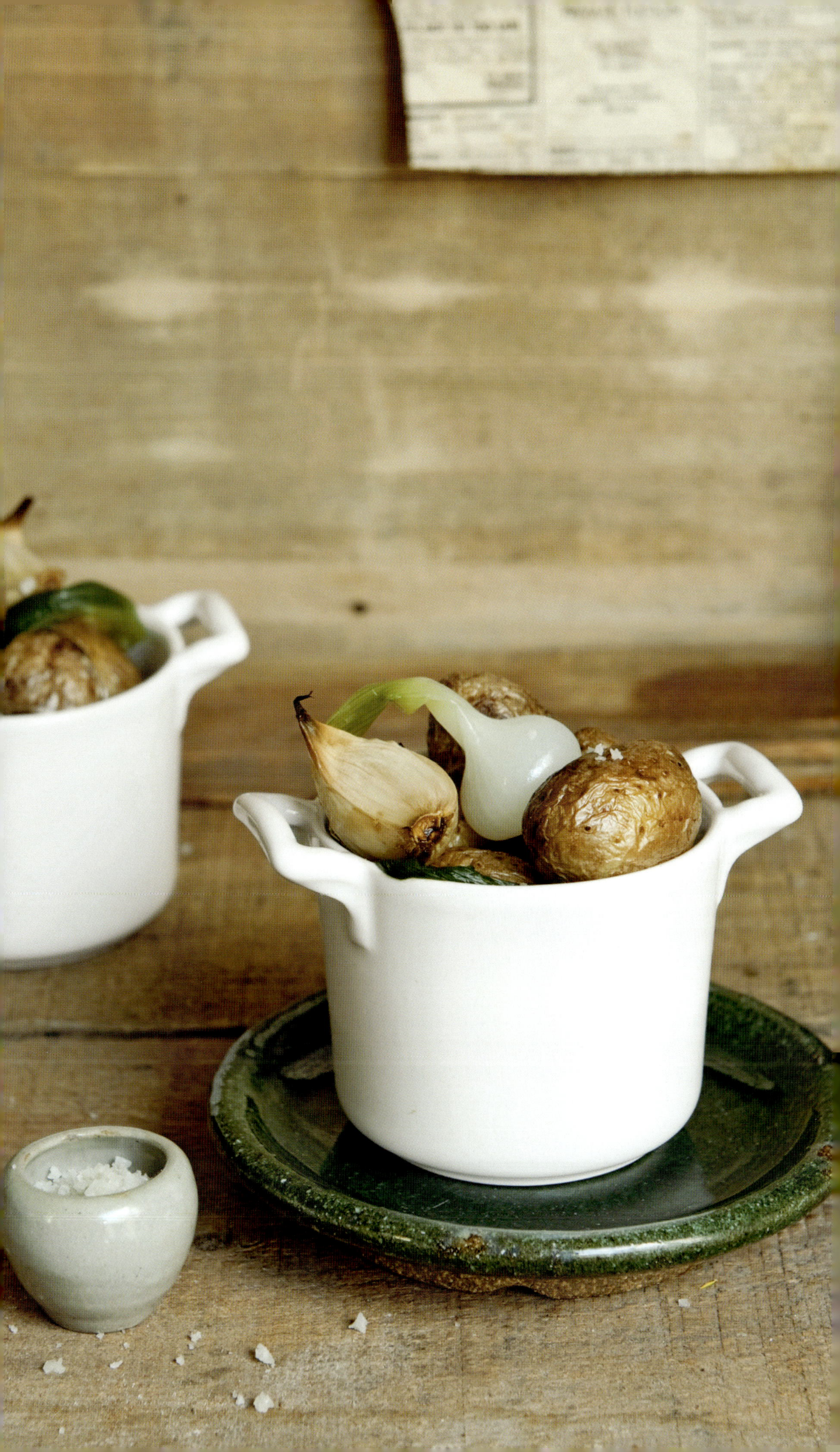

Feine Gemüse-Töpfchen

FÜR 6–8 MINI-BRÄTER
Zubereitung: 35 Minuten
Garzeit: 35 Minuten

200 g Karotten
150 g Petersilienwurzel oder Pastinake
150 g Topinambur
5 Artischockenböden
125 g Zuckerschoten
8 Frühlingszwiebeln
125 g leicht gesalzene Butter
2 EL Olivenöl

500 ml Gemüsebrühe
(Gemüsefond aus dem Glas oder aus 2 Brühwürfeln hergestellt)
4 Schalotten
½ Bund glatte Petersilie
½ Bund Koriandergrün
½ Bund Basilikum
Salz und Pfeffer

Vorbereiten:

Die Karotten, die Petersilienwurzel (oder die Pastinake) und den Topinambur schälen, waschen und in große Stücke schneiden.

Die Artischockenböden vierteln, die Zuckerschoten und die Frühlingszwiebeln putzen, die Stängel der Frühlingszwiebeln kürzen.

Die Butter aus dem Kühlschrank nehmen, damit sie weich wird. Den Backofen auf 170 °C vorheizen.

In einer Kasserolle mit schwerem Boden das Gemüse 2–3 Minuten in etwas Öl anschwitzen.

Fertigstellen:

Das Gemüse gleichmäßig auf die Mini-Schmortöpfe verteilen, dann etwas Gemüsebouillon in jedes Schmortöpfchen gießen, die Deckel auflegen und etwa 30 Minuten im Backofen schmoren. Bei Bedarf während des Garens noch etwas Gemüsebouillon nachfüllen.

Währenddessen die Schalotten schälen und fein hacken. In einer Schüssel mit der weichen Butter mischen und mit Salz und Pfeffer würzen.

Die frischen Kräuter waschen, die Blättchen abzupfen, fein hacken und unter die Schalottenbutter mischen. Die Butter bis zur Weiterverwendung bei Raumtemperatur beiseitestellen.

Den Gargrad der Gemüse durch Einstechen mit einem spitzen Messer überprüfen.

Pro Mini-Schmortopf ein walnussgroßes Stück Kräuter-Schalotten-Butter auf das Gemüse geben.

Die Schmortöpfchen sofort servieren, entweder als Gemüsebeilage zu einem Hauptgericht oder als Beilage zum Erbsen-Schinken-Clafoutis mit Boursin (Rezept auf Seite 142) im Rahmen einer feinen Sonntagabendmahlzeit.

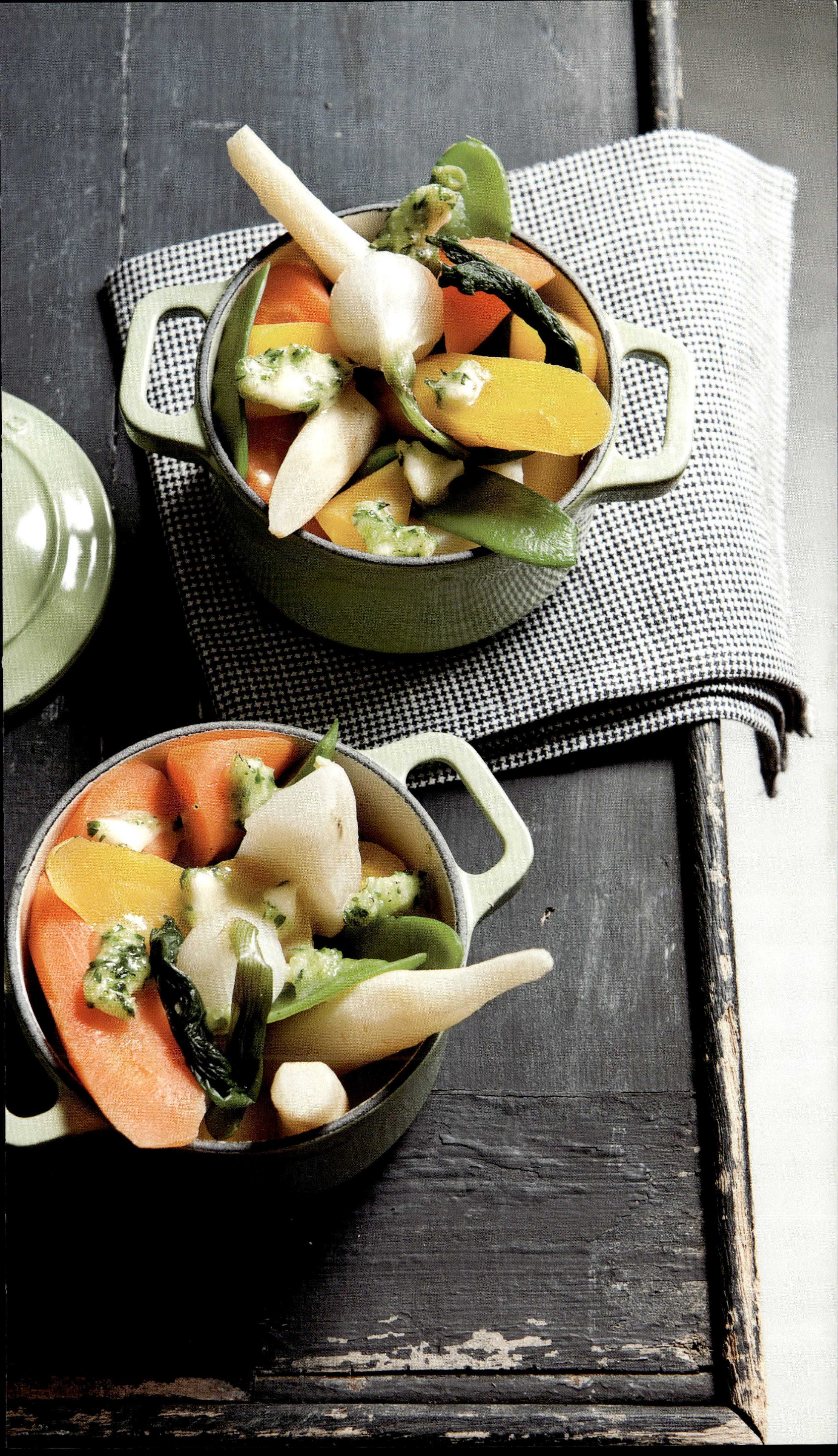

Kleines Käsefondue mit Gemüse

FÜR 6–8 MINI-BRÄTER
Zubereitung: 20 Minuten
Garzeit: 25 Minuten

125 g Comté
125 g Gruyère (Greyerzer)
125 g Cheddar
Etwa 1 kg rohes oder blanchiertes Gemüse nach Belieben
   (Karotten, Radieschen, Champignons, Staudensellerie …)
1 l Weißwein
1 Knoblauchzehe
3 kräftige Prisen Pfeffer

Vorbereiten:

Den Käse reiben oder in kleine Würfel schneiden und kalt stellen.

Das Gemüse schälen, waschen und zurechtschneiden.

Den Weißwein mit dem durchgepressten Knoblauch und dem Pfeffer bei mittlerer Temperatur erhitzen. Leise köcheln lassen, bis er auf etwa die Hälfte reduziert ist.

Fertigstellen:

Den Backofen auf 170 °C vorheizen.

Die Weißweinreduktion und den Käse gleichmäßig auf die Mini-Schmortöpfe verteilen. Die Deckel auflegen und 10–12 Minuten im Ofen erhitzen, bis der Käse geschmolzen ist.

Aus dem Ofen nehmen und sehr heiß zu Tisch bringen. Mit einer Gemüseauswahl und mit kleinen Holzspießchen oder Schneckengabeln servieren.

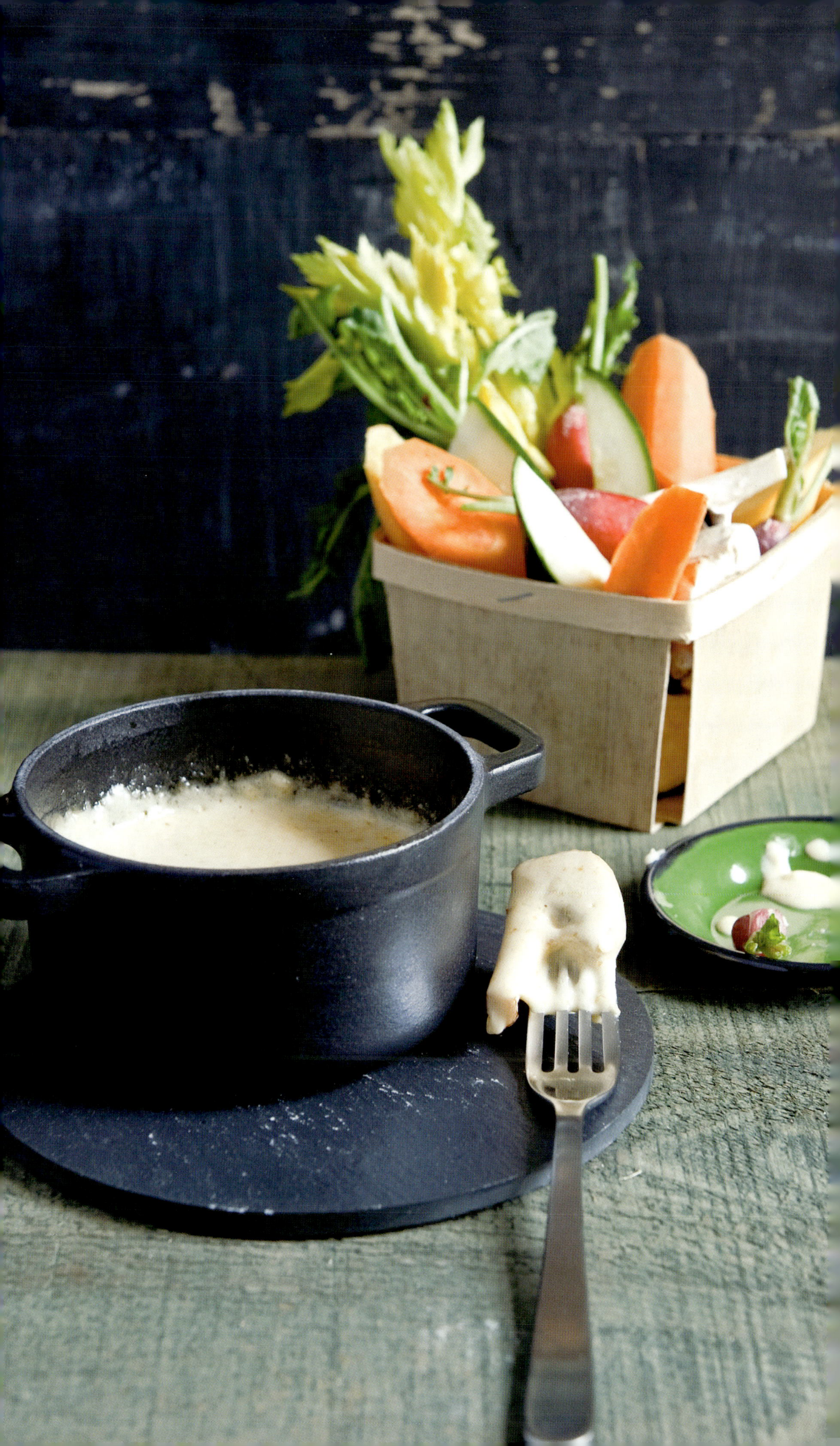

Das Gemüse – 1001 Variationen

Die Ideen für die Gemüsetöpfchen sind vom *Tian provençale*, einem beliebten provenzalischen Gemüseauflauf, inspiriert. Die Töpfchen sind schnell und einfach zubereitet und können nicht nur als kleine Gerichte, sondern auch als köstliche und originelle Beilage zu Ihren Lieblingshauptgerichten serviert werden.

Die Jahreszeiten, die Regionen, die Farben – das sind meine Inspirationen für die folgenden Rezeptvorschläge:

PROVENZALISCH:
Auberginen, Zucchini, Tomaten und Mozzarella – alle Aromen meiner Kindheit in einem Mini-Schmortopf, der den vollen Geschmack des Südens in sich trägt und uns mitten hinein ins provenzalische Landleben versetzt.

„TYPISCH FRANZÖSISCH":
Auf die „Chicoree im Schinkenmantel" meiner Mutter lasse ich nichts kommen. Hier werden sie in neuem Gewand, sprich: im Schmortöpfchen, präsentiert. Anstelle des Chicorees verwende ich knapp gegarten Lauch, den ich mit gekochtem Schinken umwickle und mit würzigem Gruyère gratiniere.

HERBSTLICH:
Dieses deftige Schmortöpfchen, das aus Artischocken, Maronen und Kartoffeln besteht, ist der perfekte Partner für Wild oder einen Braten. Und im Winter, im Frühling, im Sommer … seien Sie kreativ!

GANZ IN GRÜN:
Es existiert eine unglaubliche Vielfalt an grünem Gemüse. Es ist jedoch kein Geheimnis, dass nicht alle Sorten gleichermaßen bei Groß und Klein beliebt sind. Hier kommt das Grünzeug blanchiert, in Butter geschwenkt und mit einem Klecks Ricotta verfeinert für ein Viertelstündchen in den Ofen – wer kann da noch widerstehen?!

ITALIENISCH:
Auberginen, hauchdünne Parmesanscheiben und geröstete Pinienkerne … optisch ansprechend in ein Schmortöpfchen eingeschichtet, das nur kurz in den Ofen geschoben wird.

MIT BLAUSTICH:
In feine Scheiben gehobelte Zucchini und Sellerie werden kurz in kochendem Wasser blanchiert und mit einigen Scheiben Roquefort oder einem anderen Blauschimmelkäse abwechselnd im Schmortöpfchen arrangiert.

Königinpastetchen „Cocotte"

FÜR 8 MINI-BRÄTER
Zubereitung: 40 Minuten
Garzeit: 40 Minuten
Kühlzeit: mindestens 40 Minuten

600 g Hähnchenbrustfilet ohne Haut
300 g Champignons
2 Schalotten
1 Knoblauchzehe
150 ml Geflügelbouillon (Geflügelfond aus dem Glas oder aus 1 Brühwürfel hergestellt)
30 g Butter

50 ml roter Portwein
700 ml Sahne
3 EL Öl
3 Eigelb
8 Blätterteigkreise à 13 cm Durchmesser
Salz und Pfeffer

Vorbereiten:

Das Hähnchenfleisch in etwa 10 g schwere Würfel schneiden und kalt stellen.

Die Champignons putzen und in dicke Stücke schneiden.

Die Schalotten und die vom Keim befreite Knoblauchzehe schälen und fein hacken.

Den Geflügelbrühwürfel (falls verwendet) in 150 ml heißem Wasser auflösen.

Die Butter in einem Topf bei mittlerer Hitze zerlassen. Die Champignons, die Schalotten und den Knoblauch hineingeben, mit Salz und Pfeffer würzen und etwa 5 Minuten unter Rühren anbraten.

Den Portwein zugießen, 3 Minuten einkochen lassen, dann die Geflügelbouillon und schließlich die Sahne hinzufügen. Bei mittlerer Hitze einköcheln lassen, bis die Sauce leicht eingedickt ist.

Fertigstellen:

Das Öl in einer Pfanne erhitzen und die Hähnchenwürfel darin ringsum anbraten. Mit Salz und Pfeffer würzen und gleichmäßig auf die Mini-Bräter verteilen.

Mit der Champignon-Sahne-Mischung nappieren und auf Raumtemperatur abkühlen lassen (etwa 20 Minuten).

Währenddessen von den Blätterteigkreisen einen etwa 2 cm breiten Außenrand mithilfe eines Backpinsels mit kaltem Wasser bestreichen. Die Teigkreise mit dem angefeuchteten Rand nach unten auf die Schmortöpfchen legen und gut andrücken, damit sie am Topf haften bleiben. Die Eigelbe mit ein paar Tropfen Wasser und einer Prise Salz verrühren und die Oberflächen der Blätterteigkreise vorsichtig damit bestreichen.

Die Mini-Bräter mindestens 20 Minuten kalt stellen.

Den Backofen auf 200 °C vorheizen.

Die Pastetchen etwa 15 Minuten im Ofen backen, herausnehmen und sofort servieren.

TIPP: Sie können die Königinpastetchen bereits am Vortag zubereiten und bis zum Backen kalt stellen. Sie brauchen sie dann nur noch 20 Minuten vor dem Servieren in den Ofen zu schieben.

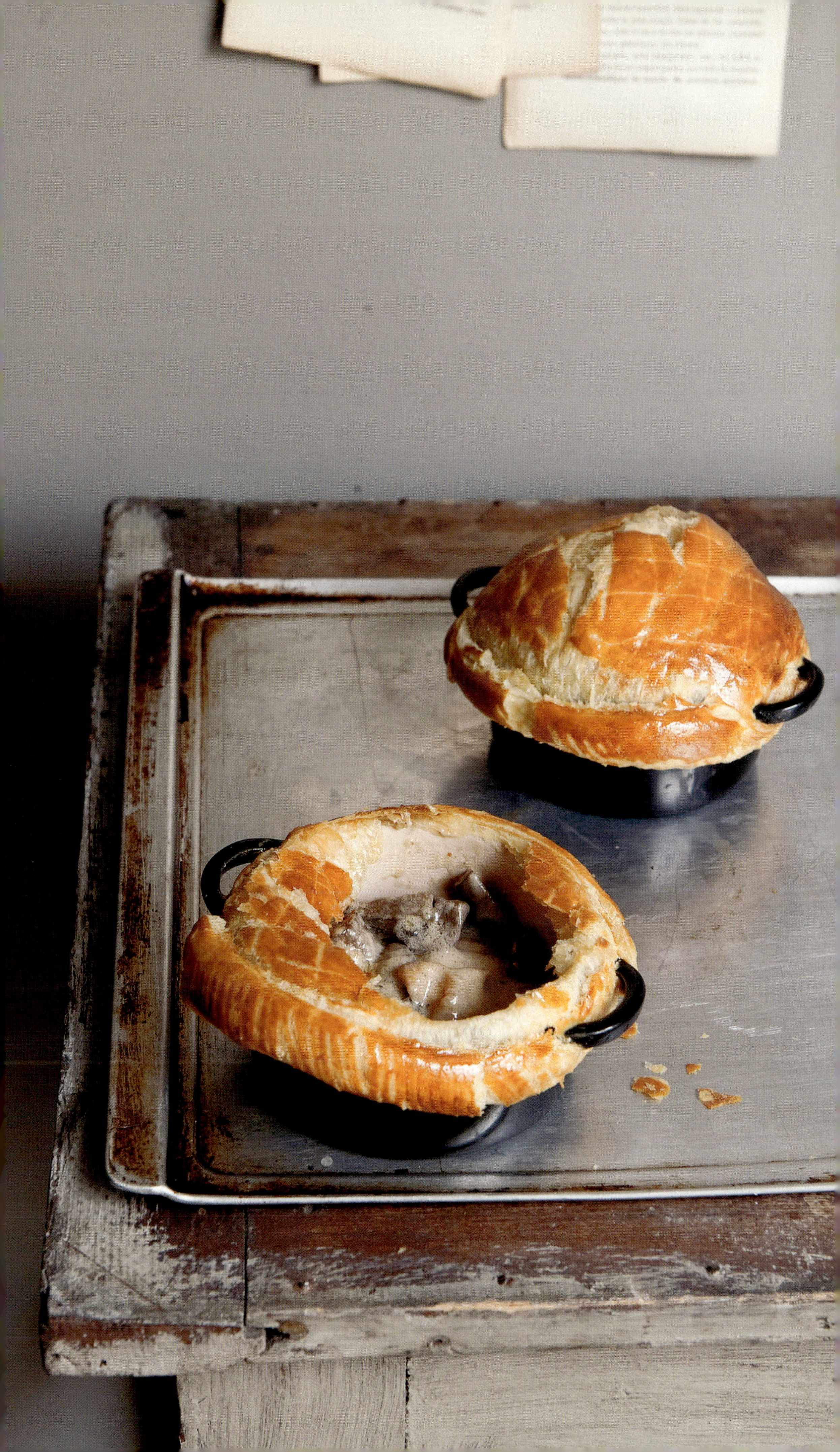

Karamellisierte Hähnchenflügel auf Maronenpüree

FÜR 8 MINI-BRÄTER
Zubereitung: 35 Minuten
Garzeit: 60 Minuten

600 g Kartoffeln
200 g Knollensellerie
300 g vorgegarte Maronen „au naturel"
40 g Butter
100 ml Sahne
16 Hähnchenflügel
300 ml Geflügelbouillon (Geflügelfond aus dem Glas
 oder aus 1 Brühwürfel hergestellt)
20 g frischer Ingwer
2 EL Honig
Saft von 1 Orange
1 EL Sojasauce
Salz und Pfeffer

Vorbereiten:

Die Kartoffeln und den Sellerie schälen und waschen.

In einen Topf geben, mit kaltem Salzwasser bedecken und etwa 25 Minuten garen.

Die Kartoffeln und den Sellerie abgießen. Mit einem Passiergerät („Flotte Lotte") zusammen mit den Maronen zu Püree verarbeiten, dann die in kleine Stücke geschnittene Butter und die Sahne unterziehen. Das Püree glatt rühren und mit Salz und Pfeffer abschmecken.

Die Hähnchenflügel in einen großen Bräter legen und mit der Geflügelbouillon übergießen. Den Deckel auflegen und etwa 10 Minuten leise köcheln lassen.

In der Zwischenzeit die Marinade zubereiten. Dazu den Ingwer schälen, fein hacken und mit dem Honig, dem Orangensaft und der Sojasauce verrühren.

Die Hähnchenflügel mit der Marinade übergießen und die Kochflüssigkeit fast vollständig einkochen lassen (es soll ein Sirup zurückbleiben, der so dickflüssig ist, dass er die Flügel überzieht).

Fertigstellen:

Den Backofen auf 170 °C vorheizen.

Das Kartoffel-Maronen-Püree gleichmäßig auf die Mini-Schmortöpfe verteilen, darauf je 2 Hähnchenflügel dekorativ anordnen. Die Schmortöpfchen in ein bis zur Hälfte mit Wasser gefülltes Blech mit hohem Rand stellen und etwa 10 Minuten im Ofen erhitzen.

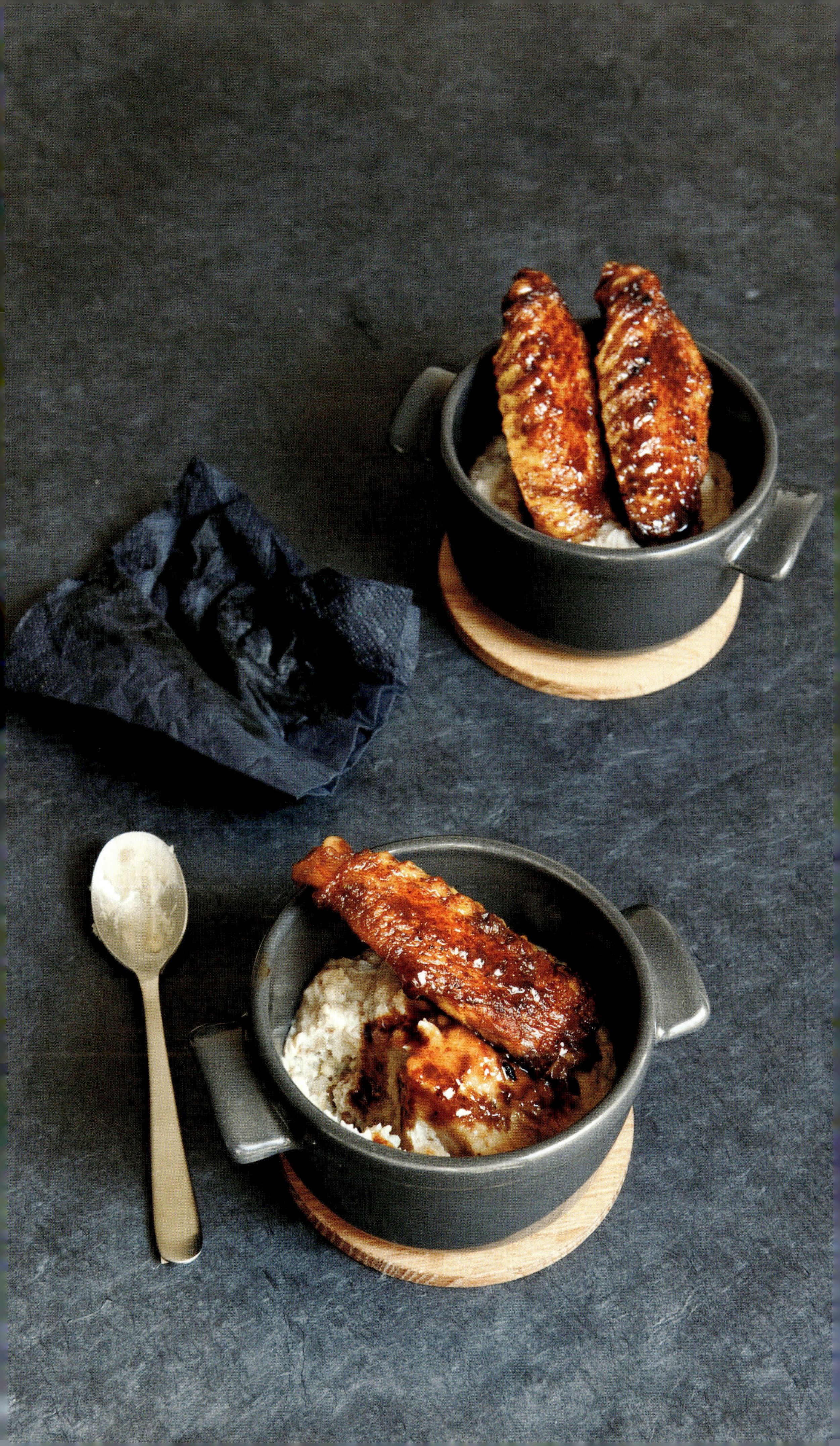

Stubenküken im Töpfchen mit Kartoffeln, Äpfeln und Himbeeren

FÜR 6 MINI-BRÄTER
Zubereitung: 40 Minuten
Garzeit: 55 Minuten

3 Stubenküken à etwa 600 g
200 g Kartoffeln der Sorte Vitelotte
3–4 Äpfel (Jonagold oder Renette)
50 ml Sonnenblumenöl
50 g Butter
150 ml Himbeeressig
125 g Himbeeren
500 ml Cidre
Salz und Pfeffer

Vorbereiten:

Die ungegarten Stubenküken der Länge nach in zwei gleiche Hälften schneiden. Die Keulen abtrennen und die Brustfilets auslösen. Die Flügel abschneiden und ebenso wie die Karkasse anderweitig (etwa für eine Bouillon) verwenden.

Die Keulenknochen am oberen Ende freilegen, was optisch ansprechender ist.

Die ungeschälten Vitelotte-Kartoffeln in einen mit kaltem Wasser gefüllten Topf geben. Großzügig salzen (das erhält die Farbe), zum Kochen bringen und 15 Minuten garen.

In der Zwischenzeit die Äpfel waschen, vom Kerngehäuse befreien und in kleine Stücke schneiden.

In einer Pfanne das Öl mit der Butter erhitzen, dann die Hähnchenteile und die Apfelstücke darin anbraten, damit sie vorgegart sind und eine appetitlich goldbraune Färbung annehmen. Mit Salz und Pfeffer würzen und mit dem Himbeeressig ablöschen. Vom Herd nehmen und beiseitestellen.

Die Vitelotte-Kartoffeln abgießen, abkühlen lassen und behutsam schälen.

Fertigstellen:

Den Backofen auf 200 °C vorheizen.

Die Mini-Schmortöpfe mit den Stubenkükenteilen, den Apfelstücken, einigen Vitelotte-Stücken und den Himbeeren füllen und mit dem Cidre übergießen. 30 Minuten im Ofen garen.

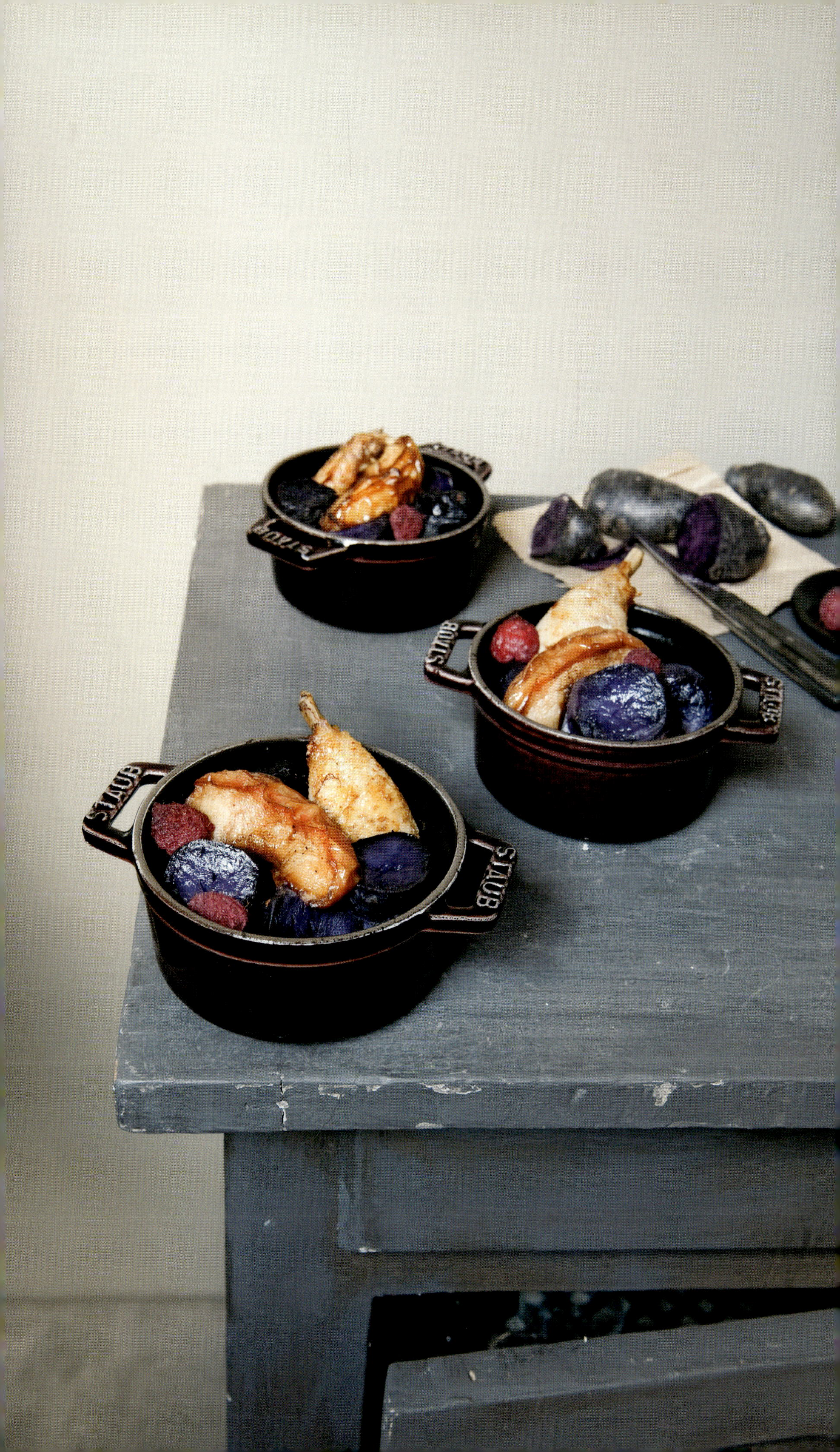
STAUB
STAUB
STAUB
STAUB

Das Huhn – 1001 Variationen

Egal ob Sie Reste vom Brathähnchen, in einem Rezept nicht verwendete Flügel, Unterschenkel oder auch Hähnchenbrustfilets übrig haben – mit diesen sechs schnellen Geflügelrezepten für Mini-Schmortöpfe kein Problem!

Die Geflügelteile, falls nötig, vorgaren, marinieren oder mit einer Sauce oder Würzzutaten kombinieren und im Backofen bei 170 °C garen – so einfach können Sie die kulinarischen Wünsche der ganzen Familie erfüllen!

1. HÄHNCHEN „ARABESQUE"
Das Hähnchen vorgaren, die Teile mit Honig bestreichen und mit einer beliebigen Gewürzmischung bestreuen (Zimt, Ingwer, Kardamom, Quatre-épices, …). Mit Mandelblättchen, gehackten Nüssen oder Trockenfrüchten bestreuen und im Ofen garen. Nach Belieben Gemüse oder geviertelte Früchte mitgaren.

2. ANDALUSISCHES HUHN
Eine Dose passierte Tomaten und einige Paprikastreifen ein paar Minuten in Geflügelbouillon köcheln lassen, gleichmäßig auf Mini-Bräter verteilen, dann die vorgegarten Hähnchenteile und 1–2 Scheiben Chorizo hinzufügen. Im Ofen schmoren.

3. HÄHNCHEN „SURPRISE"
Unter einer Haube aus Engelshaar können Sie Ihren Gästen die Hähnchenstücke als attraktive Überraschung präsentieren. Fast alle Rezepte eignen sich dafür, mit Filo- oder Brikteig, Blätterteig oder mit Kadaifteig (siehe Seite 8) verhüllt zu werden.

4. HÄHNCHEN MIT PILZRAHMSAUCE
Angelehnt an das berühmte Rahmschnitzel werden für dieses Rezept lediglich die Champignons vorgegart und großzügig mit Sahne gebunden; dann die Hähnchenteile auf die Mini-Bräter verteilen, mit der Pilzrahmsauce nappieren und garen.

5. HÄHNCHEN AUF JÄGER-ART
Pilze, Räucherspeck, Perlzwiebeln und Weißwein stehen für eher herbstlichen Genuss. Bei diesem klassischen Schmorgericht, besonders fein mit einigen Thymianzweiglein und etwas Fleischjus, ist Ihnen der Erfolg gewiss – zu jeder Jahreszeit.

6. HÄHNCHENCURRY
Mischen Sie Naturjoghurt mit etwas Zitronensaft und Currypulver oder Currypaste und marinieren Sie die Hähnchenteile vor dem Garen darin.

Um dem indischen Thema treu zu bleiben, das Gericht mit Basmatireis servieren.

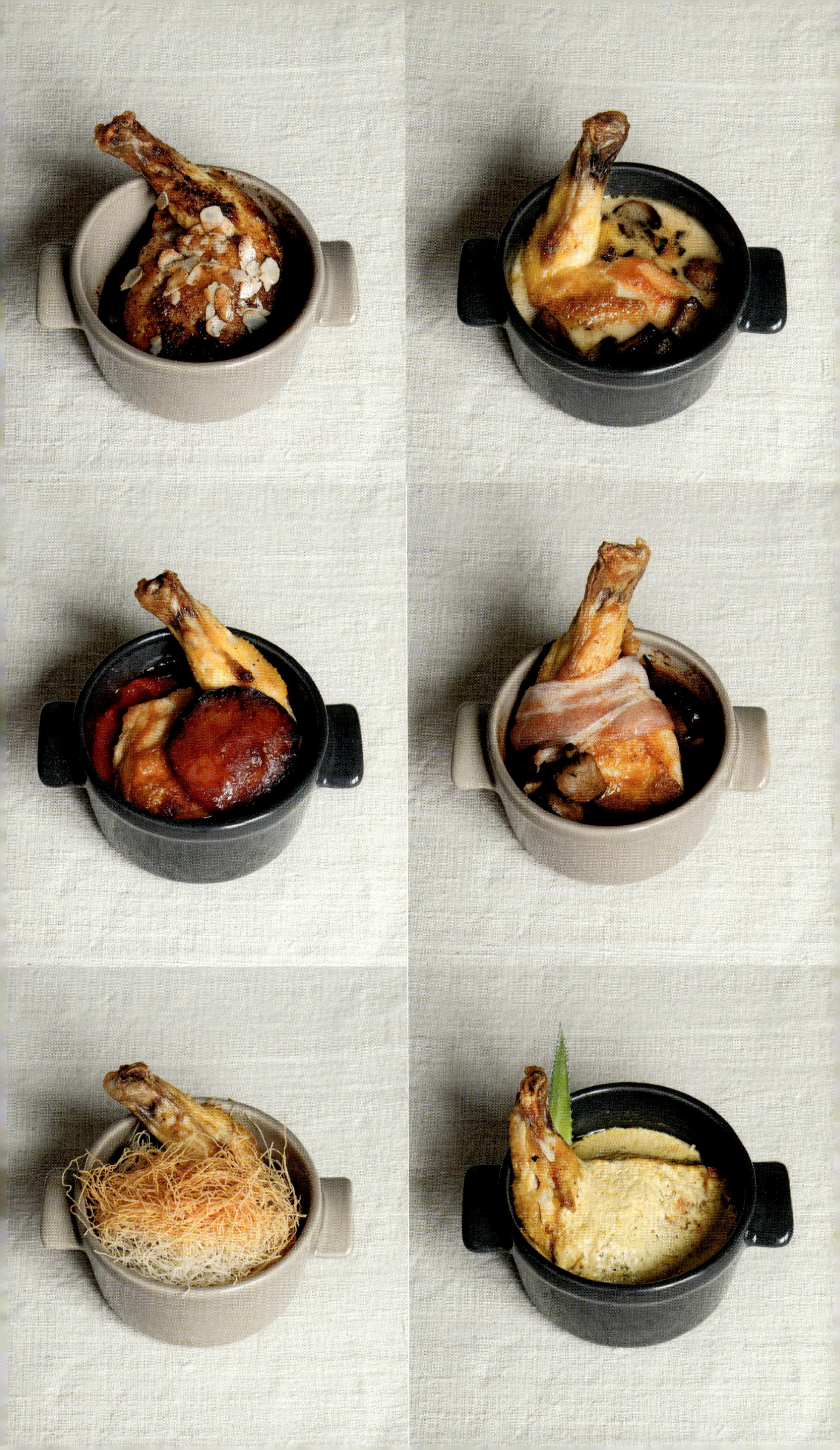

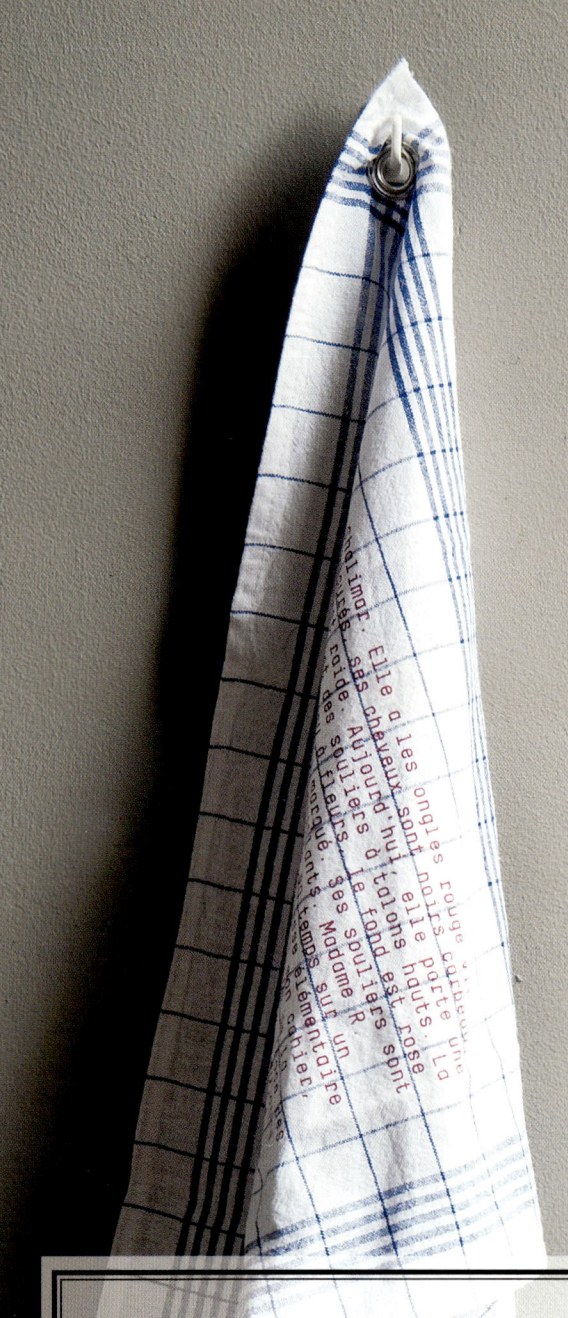

FEINES AUS DER BISTROKÜCHE

Bistrot

Bistro-Marinaden – schnell gezaubert

Die meisten Zutaten für Schmortöpfchengerichte lassen sich mit Marinaden veredeln und zum Garen vorbereiten. So kommt Fleisch, Geflügel, Fisch oder Gemüse, das in eine Würzmischung eingelegt wurde, nicht nur besonders aromatisch, sondern auch zart und saftig auf den Teller. Hier finden sie einige Tipps für unkomplizierte, aber sehr wirkungsvolle Mischungen.

Dijonnaise
moutarde
+ crème
+ vin blanc
+ ail
+ échalote

À la Dijon:
Senf, Sahne, Weißwein, Knoblauch, Schalotte

À la Burgund:
Rotwein, Speckstreifen
Pilze, Perlzwiebeln

Bourguignonne
vin rouge
+ lardons
+ champignons
+ petits oignons

Diable
vinaigre
+ échalote
+ tomates
+ cube bouillon
+ piment

Teuflisch:
Essig, Schalotte, Tomaten, Bouillonwürfel, Chili

Mediterran:
Thymian, Rosmarin, Lorbeerblatt, Knoblauch, Zitrone, Quark

Die in mundgerechte Stücke geschnittenen Zutaten mit der Marinade mischen und für mindestens 1 Stunde in den Kühlschrank legen. Je länger Sie der Marinade Zeit lassen, die Zutaten zu durchdringen, desto aromatischer wird das Ergebnis. Wenn Sie Fleisch marinieren möchten, um es zarter zu machen, lassen Sie es vor dem Garen über Nacht in der Marinade im Kühlschrank ziehen. Um Zeit zu sparen, können Sie Fleischstücke vor dem Marinieren anbraten oder vorgaren und Gemüsestücke blanchieren.

Tournedos vom Kaninchen mit weißen Rübchen und Trockenpflaumen

FÜR 6 MINI-BRÄTER
Zubereitung: 40 Minuten
Garzeit: 45 Minuten

2 Kaninchenrücken
6 Scheiben geräucherter Schweinespeck (vom Bauch)
400 g weiße Rübchen
250 ml Kalbsfond (aus dem Glas oder aus 1 EL Instantkalbsfond hergestellt)
1 Schalotte
3 EL Olivenöl
15 g Butter
100 ml Weißwein
150 g Trockenpflaumen
½ Bund frischer Thymian
Kleine Holzspießchen oder -zahnstocher

Vorbereiten:

Die Kaninchenrücken in gleichmäßig dicke Scheiben (Tournedos) schneiden.

Die Tournedos in den Speck wickeln und mit einem Holzspießchen fixieren. Kalt stellen.

Die weißen Rübchen schälen, je nach Größe in 2–3 Stücke schneiden und in kochendem Salzwasser vorgaren, dabei den Gargrad durch Einstechen mit einem spitzen Messer überprüfen (die Rübchen sollten noch fest sein, da sie im Schmortöpfchen fertig gegart werden). Abgießen und unter fließendem kaltem Wasser abschrecken.

Die Schalotte schälen und fein hacken.

In einer Sauteuse oder einem Topf das Olivenöl mit der Butter erhitzen. Die Kaninchentournedos von allen Seiten darin anbraten. Die Schalotte hinzufügen und mit dem Weißwein ablöschen. Bei aufgelegtem Deckel etwa 8 Minuten sanft garen.

Die Tournedos herausnehmen, den Kalbsfond in den Topf gießen, zum Kochen bringen, dann die weißen Rübchen, die Trockenpflaumen und einige Thymianzweige hinzufügen. Etwa 5 Minuten leise köcheln lassen, dann vom Herd nehmen.

Fertigstellen:

Den Backofen auf 170 °C vorheizen.

Die weißen Rübchen und die Trockenpflaumen gleichmäßig auf die Mini-Bräter verteilen.

Die Tournedos darauflegen, mit etwas Thymian-Kalbsjus beträufeln und etwa 12 Minuten im Ofen fertig garen.

Aus dem Ofen nehmen, mit einigen frischen Thymianzweiglein garnieren und mit der restlichen Thymian-Kalbsjus servieren.

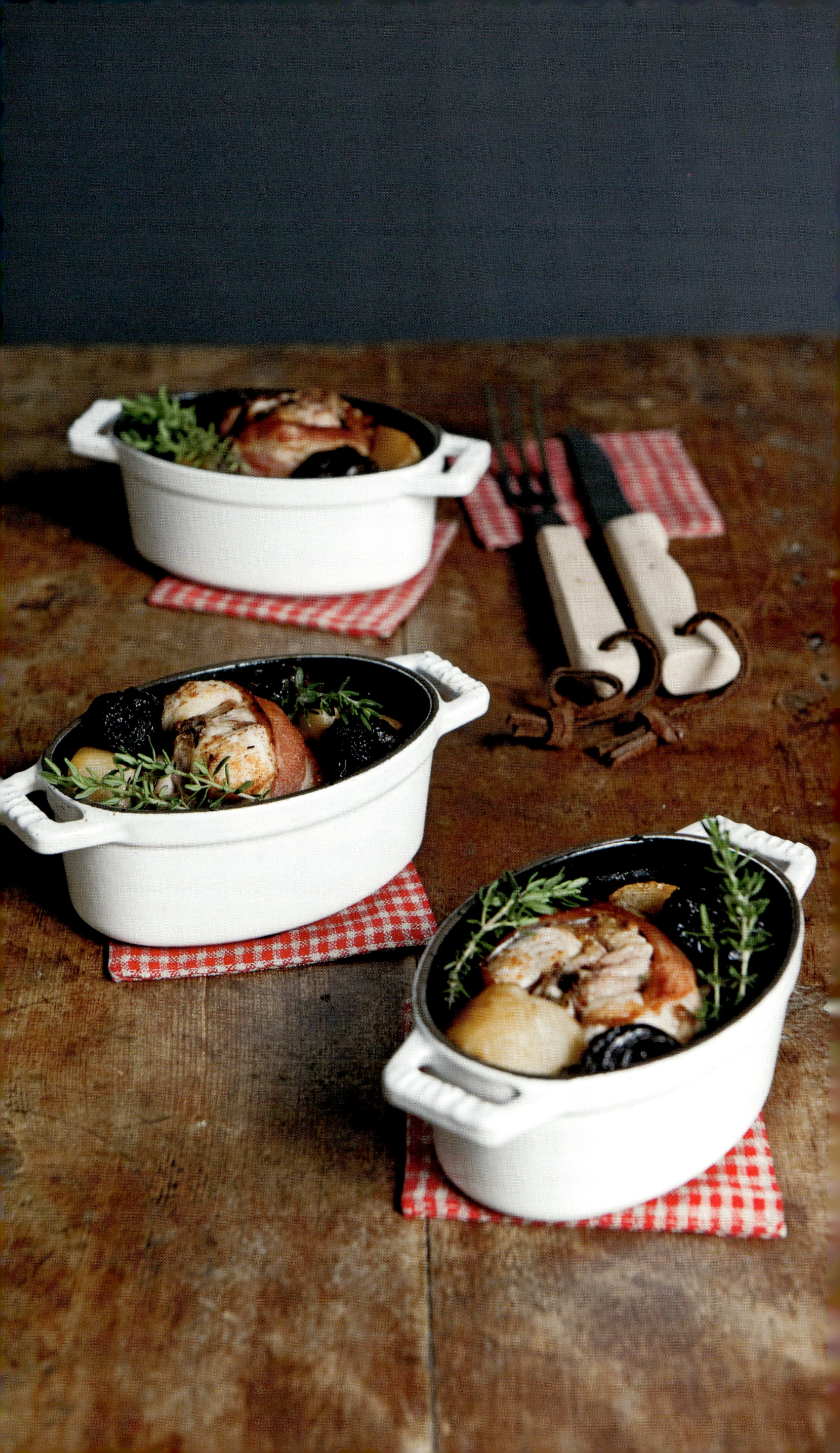

Lammbries mit Austernpilzen und Dicken Bohnen

FÜR 6 MINI-BRÄTER
Zubereitung: 50 Minuten plus 20 Minuten am Vortag
Wässern: 3 Stunden am Vortag
Garzeit: 45 Minuten

500 g Lammbries
100 ml weißer Essig
2 Knoblauchzehen
½ Bund glatte Petersilie
400 g geschälte Dicke Bohnen
60 g Butter
300 g Austernpilze
2 Eier

2 EL Olivenöl
200 g Semmelbrösel
300 ml Kalbsfond (aus dem Glas oder aus 1 EL Instantkalbsfond hergestellt)
3 EL Balsamicoessig
150 ml zum Braten geeignetes Öl (wie Sonnenblumen- oder Traubenkernöl)
Salz und frisch gemahlener Pfeffer

Vorbereiten:

Zuerst das Lammbries säubern (am Vortag zu erledigen). Das Bries in eine Schüssel legen und mit kaltem Wasser bedecken. 3 Stunden wässern, dabei jede Stunde das Wasser wechseln. Eine Kasserolle mit Wasser füllen, etwas Salz und den Essig hinzufügen, zum Kochen bringen und das Lammbries 5 Minuten darin blanchieren. Das Bries abgießen und unter fließendem kaltem Wasser abschrecken, dann die feine Haut abziehen, die das Bries umgibt, und die sichtbaren Gefäße entfernen.

Das Lammbries bis zum nächsten Tag kalt stellen.

Den Knoblauch schälen und vom Keim befreien. Von der Petersilie die Blättchen abzupfen. Eine Persillade herstellen, dafür Knoblauch und Petersilie zusammen hacken.

Die Dicken Bohnen 2–3 Minuten in kochendem Salzwasser vorgaren, dann abgießen und unter fließendem kaltem Wasser abschrecken.

Die Butter in einer Pfanne oder in einem Wok zerlassen. Die Austernpilze mit der Persillade sautieren, mit Salz und Pfeffer würzen und beiseitestellen.

Die Eier aufschlagen und in einer kleinen Schüssel mit 2 Esslöffeln kaltem Wasser und 2 Esslöffeln Olivenöl verquirlen. Mit Salz und Pfeffer würzen.

Das Lammbries zuerst durch diese Mischung ziehen, danach zum Panieren in den Semmelbröseln wenden.

Den Kalbsfond mit 3 Esslöffeln Balsamicoessig zum Kochen bringen. Etwa um die Hälfte einkochen lassen.

Fertigstellen:

Die Dicken Bohnen und die Austernpilze gleichmäßig auf die Mini-Bräter verteilen, danach mit der Balsamico-Kalbsjus übergießen.

In einer Pfanne das Bratöl erhitzen und das Lammbries 1 Minute pro Seite darin anbraten, herausnehmen und mit Küchenpapier abtupfen.

Die Lammbriesstücke auf die Dicken Bohnen und Austernpilze legen, etwa 15 Minuten bei mittlerer Hitze im Backofen erwärmen und zu Tisch bringen.

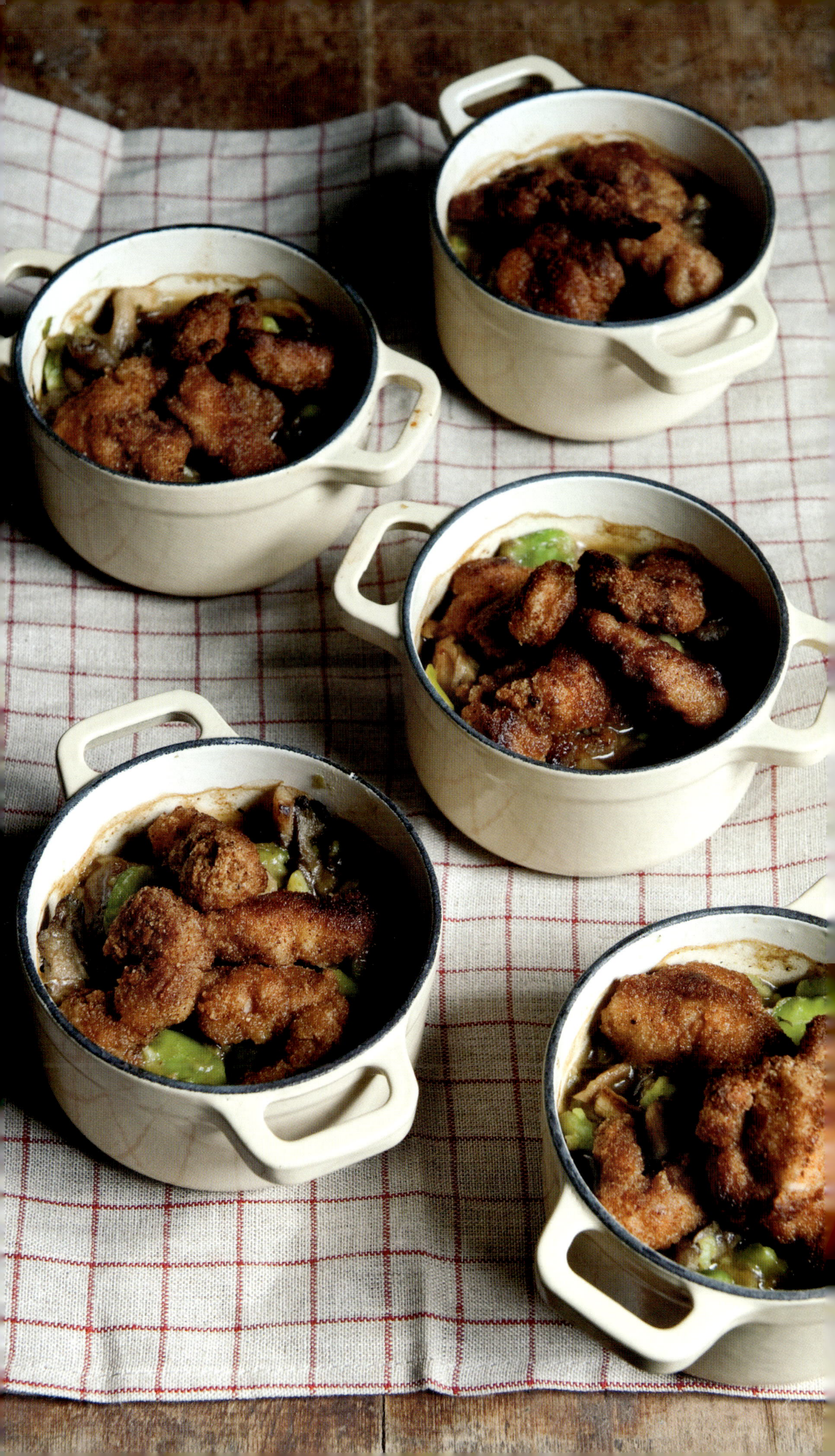

Brokkoli-Cheddar-Flan

FÜR 6–8 MINI-BRÄTER
Zubereitung: 25 Minuten
Garzeit: 40 Minuten

1 EL grobes Salz
2 Köpfe Brokkoli
6 Eier
300 ml Sahne
150 ml Milch
3 Prisen Salz
3 Prisen Pfeffer
200 g Cheddar

Vorbereiten:

Wasser in einen Topf füllen, das grobe Salz hinzufügen und zum Kochen bringen.

Die Brokkoliköpfe sorgfältig in kleine Röschen teilen und etwa 7 Minuten im kochenden Salzwasser vorgaren (sie sollen danach noch fest und kräftig grün sein).

Die Röschen mithilfe eines Schaumlöffels herausnehmen, im Eiswasserbad abschrecken und zum Abtropfen auf Küchenpapier legen.

Die Eier in einer kleinen Schüssel aufschlagen und gründlich mit der Sahne, der Milch, dem Salz und dem Pfeffer verrühren.

Fertigstellen:

Einige Brokkolistücke klein schneiden (die schönsten Röschen beiseitelegen) und gleichmäßig auf die Mini-Bräter verteilen.

Mit einer Scheibe Cheddar bedecken.

Dann die beiseitegelegten Brokkoliröschen darauf anordnen, mit der Sahnemischung übergießen und mit einer Scheibe Cheddar abschließen.

Im Backofen etwa 30 Minuten bei 180 °C backen.

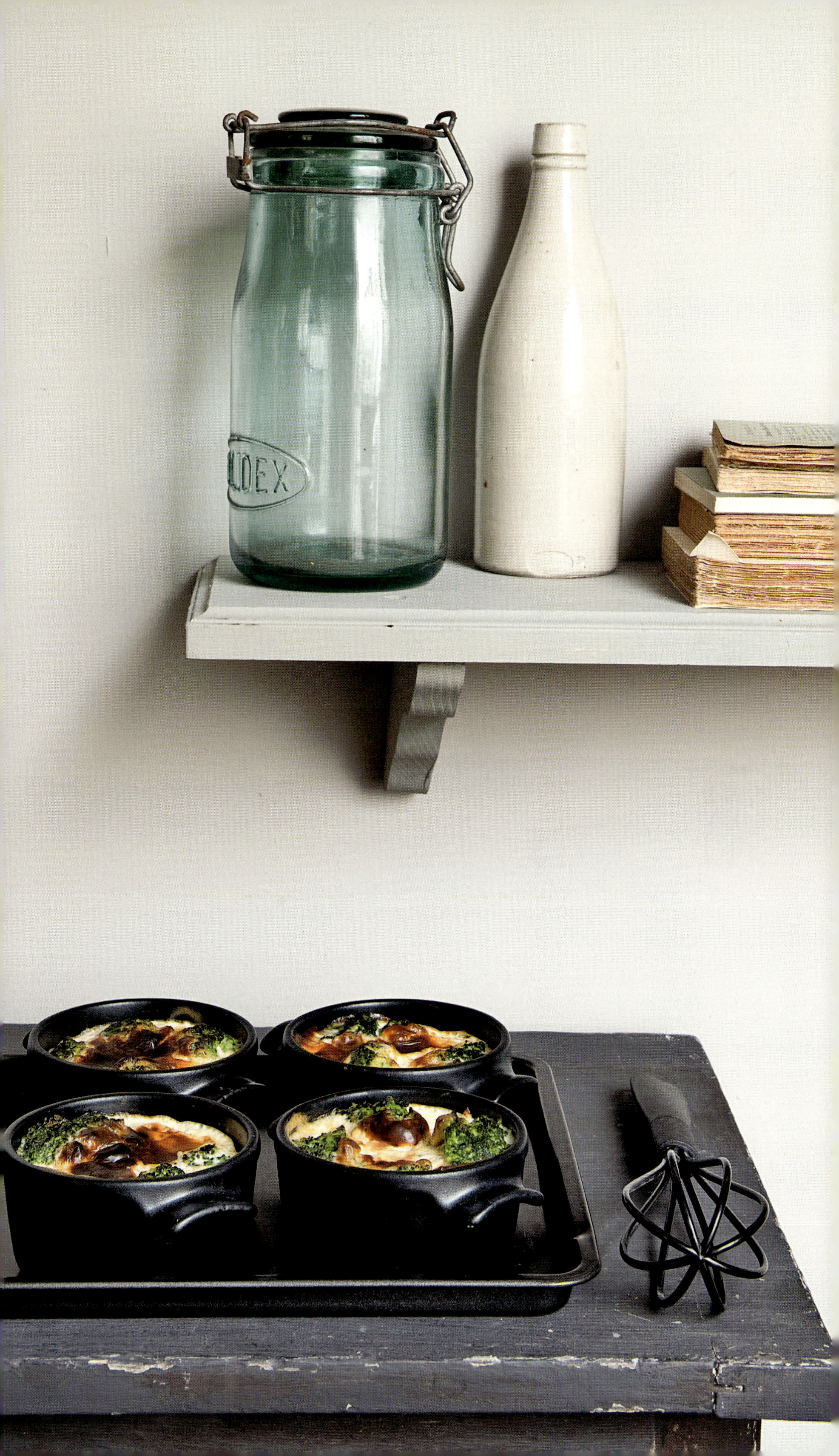

Ragout aus Muscheln und Krustentieren

FÜR 6 MINI-BRÄTER
Zubereitung: 35 Minuten
Wässern: mindestens 1 Stunde
Garzeit: 20 Minuten

200 g Herzmuscheln
500 g Miesmuscheln
3 Schalotten
2 dünne Scheiben geräucherter Schweinespeck (vom Bauch)
300 ml Rotwein
1 Zweig Thymian
6 Kaisergranate
150 ml Sahne
½ Bund glatte Petersilie
Frisch gemahlener Pfeffer

Vorbereiten:

Die Herzmuscheln mindestens 1 Stunde in kaltes Wasser legen, danach gründlich abspülen und abtropfen lassen.

Die Miesmuscheln reinigen. Geöffnete Muscheln wegwerfen.

Die Schalotten schälen und fein hacken.

Die Petersilie waschen und die Blättchen von den Stängeln zupfen.

Die Speckscheiben in feine Streifen schneiden.

In einem großen Schmortopf den Speck mit den Schalotten leicht anschwitzen, dann mit dem Rotwein ablöschen. Den Thymian, den Pfeffer und die Muscheln hinzufügen und die Kaisergranate obenauf legen. Den Deckel auflegen und bei starker Hitze zum Kochen bringen.

Fertigstellen:

Die geöffneten Muscheln gleichmäßig auf die Mini-Bräter verteilen und zum Schluss dekorativ mit einem Kaisergranat belegen.

Die Sahne zur Rotweinmischung in den Topf gießen und einige Minuten bei mittlerer Hitze einköcheln lassen.

Den Backofen auf 120 °C vorheizen. Unmittelbar vor dem Servieren die Meeresfrüchte mit der heißen Sahnesauce übergießen und einige Minuten im Backofen erwärmen.

Aus dem Ofen nehmen, mit grob gehackter Petersilie bestreuen und servieren.

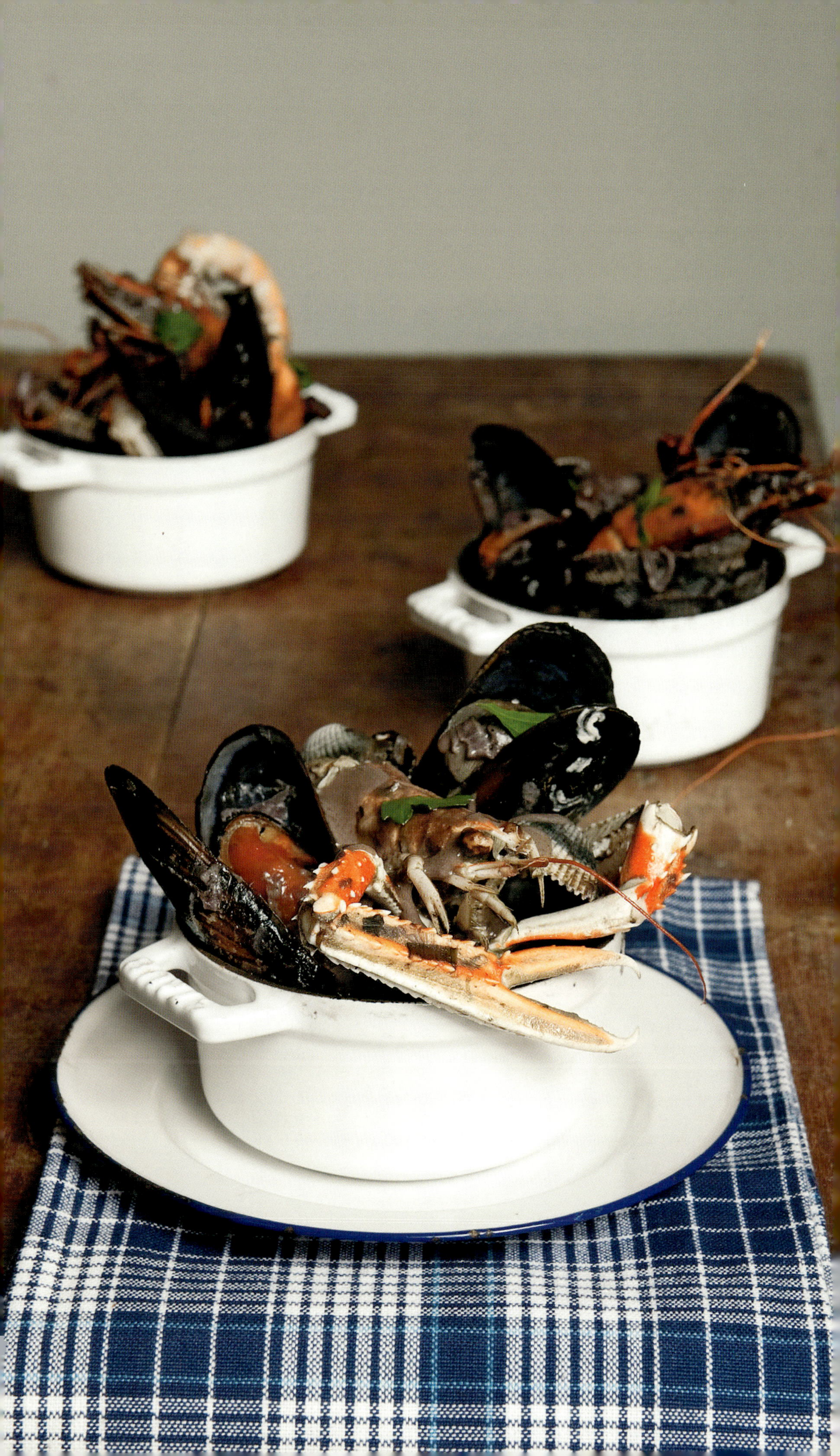

Muscheltöpfchen mit Cidre

FÜR 6–8 MINI-BRÄTER
Zubereitung: 20 Minuten
Garzeit: 15 Minuten

400 g Miesmuscheln
200 g Herzmuscheln
200 g Venusmuscheln
750 ml Cidre
3–4 Schalotten
½ Bund Kerbel oder Petersilie
12 Minikarotten (optional)
1 Töpfchen Crème fraîche (optional)
Frisch gemahlener Pfeffer

Vorbereiten:

Die Miesmuscheln abbürsten, alle Muscheln waschen, dabei mehrmals das Wasser wechseln, dann abtropfen lassen und beiseitestellen. Geöffnete Muscheln wegwerfen.

Den Cidre bei starker Hitze in einem Topf zum Kochen bringen und 2 Minuten kochen lassen.

Die Schalotten schälen und fein hacken.

Die Muscheln zum heißen Cidre geben, mit Pfeffer würzen und mithilfe eines Schaumlöffels vermischen, bis sich die Muscheln leicht öffnen.

Fertigstellen:

Den Backofen auf 170 °C vorheizen.

Die Schalotten und die vorgegarten Muscheln gleichmäßig auf die Mini-Bräter verteilen. Den Cidre durch ein sehr feines Sieb oder durch ein Musselintuch abseihen, um noch vorhandenen Sand herauszufiltern, dann über die Muscheln gießen.

Die Schmortöpfchen locker mit Aluminiumfolie abdecken und die Muscheln etwa 6 Minuten im Ofen garen.

Nach Belieben mit Kerbel oder Petersilie bestreuen, mit einem Löffelchen Crème fraîche oder gekochten Minikarotten garnieren und sofort servieren.

TIPP: Sie können die Crème fraîche auch vor dem Garen im Backofen hinzufügen, sodass sie zerfließt und sich mit dem Cidre verbindet – oder Sie servieren sie separat.

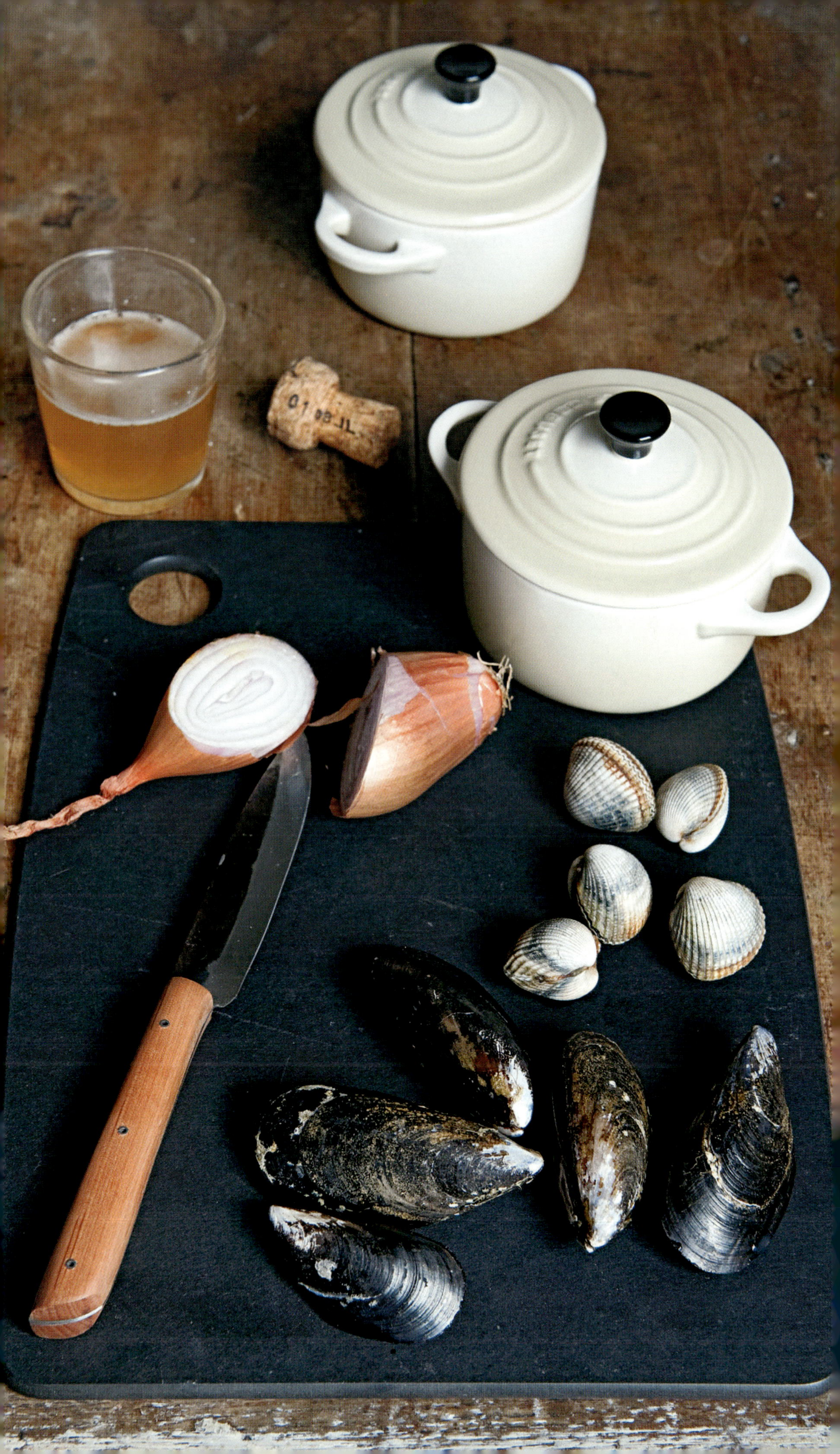

Schinken-Ananas-Spieße auf geschmortem Rotkohl

FÜR 6–8 MINI-BRÄTER
Zubereitung: 35 Minuten
Garzeit: 1 Stunde und 10 Minuten

3 Schalotten
50 g Butter
1 Rotkohl
100 ml weißer Essig
1 EL brauner Zucker
300 ml Cidre

350 g gekochter Schinken am Stück
½ Ananas
3 EL Honig
8 Holzspießchen (Zahnstocher)
Salz und frisch gemahlener Pfeffer

Vorbereiten:

Die Schalotten schälen und hacken.

In einem Schmortopf 30 g Butter zerlassen, dann bei sanfter Hitze die Schalotten darin anschwitzen.

Den Strunk aus dem Rotkohl herausschneiden, den Rotkohl in feine Streifen schneiden und diese einige Minuten in kaltem Essigwasser einweichen.

Die Schalotten mit 200 ml Cidre ablöschen, zum Kochen bringen und danach den abgetropften Rotkohl und den braunen Zucker hinzufügen. Mit Salz und Pfeffer würzen.

Den Deckel auflegen und bei mittlerer Hitze etwa 45 Minuten schmoren, gelegentlich umrühren.

Falls nötig während des Schmorens noch etwas Wasser oder Cidre zugießen.

Währenddessen den Schinken und die geschälte Ananas in große Würfel schneiden. Pro Mini-Schmortopf je 2 Würfel Schinken und Ananas verwenden.

Die Schinken- und Ananaswürfel abwechselnd auf die Holzspießchen stecken.

Den Honig in einer antihaftbeschichteten Pfanne leicht karamellisieren lassen, 20 g Butter in Flöckchen hinzufügen, dann die Spießchen darin 30 Sekunden pro Seite anbräunen.

Vom Herd nehmen und den Garvorgang durch Zugabe von einem kleinen Schuss Wasser unterbrechen.

Fertigstellen:

Die Schmortöpfchen bis zur Hälfte mit dem geschmorten Rotkohl füllen, darauf jeweils ein Schinken-Ananas-Spießchen legen.

Mithilfe eines Backpinsels die Spießchen mit dem Honigkaramell bestreichen.

Den Backofen auf 180 °C vorheizen.

In jedes Schmortöpfchen etwas Cidre gießen und etwa 12 Minuten vor dem Servieren im Ofen erhitzen.

Le torchon brû
Des mots qu'il
Je ne serai plus inv
J'appartiens
moi qui fa
passe le to
que d'abor

Schweinebäckchen mit Coco-Bohnen

FÜR 8 MINI-BRÄTER
Zubereitung: 35 Minuten
Garzeit: 2 Stunden

800 g frische Coco-Bohnen (oder etwa 250 g getrocknete Coco-Bohnenkerne,
   am Vortag in reichlich kaltem Wasser eingeweicht)
2 Karotten
2 Zwiebeln
2 Knoblauchzehen
1 Bouquet garni
1 Brühwürfel Geflügelbouillon
8 Schweinebäckchen
2 EL zum Braten geeignetes Öl
25 g Butter
150 ml Weißwein
100 g grobkörniger Senf
Salz und frisch gemahlener Pfeffer

Vorbereiten:

Die frischen Coco-Bohnen enthülsen. (Getrocknete eingeweichte Bohnenkerne 1–1½ Stunden vorkochen.) Die Karotten, die Zwiebeln und den Knoblauch schälen.

Die Zwiebeln hacken und die Karotten in kleine Würfel schneiden.

Die frischen oder die vorgekochten und abgetropften getrockneten Bohnen mit den Zwiebeln und Karotten in einen Topf geben, mit kaltem Wasser bedecken, das Bouquet garni und den Brühwürfel hinzufügen und mit wenig Salz und Pfeffer würzen.

Zum Kochen bringen und etwa 50 Minuten sanft köcheln lassen.

In der Zwischenzeit die Schweinebäckchen waschen und vorgaren.

Mit einem kleinen Messer Sehnen und Fett entfernen.

In einem Schmortopf das Öl mit der Butter erhitzen und die Schweinebäckchen darin ringsum goldbraun anbraten, dann mit dem Weißwein ablöschen.

Mit Salz und Pfeffer würzen und bei aufgelegtem Deckel etwa 40 Minuten bei milder Hitze leise köcheln lassen.

Fertigstellen:

Den Backofen auf 180 °C vorheizen.

Die Bohnen mit etwas Garflüssigkeit gleichmäßig auf die Mini-Bräter verteilen.

Je ein Löffelchen Senf in die Mitte der Schmortöpfchen geben und darauf je ein Schweinebäckchen legen. Den Deckel auflegen und etwa 20 Minuten im Backofen garen.

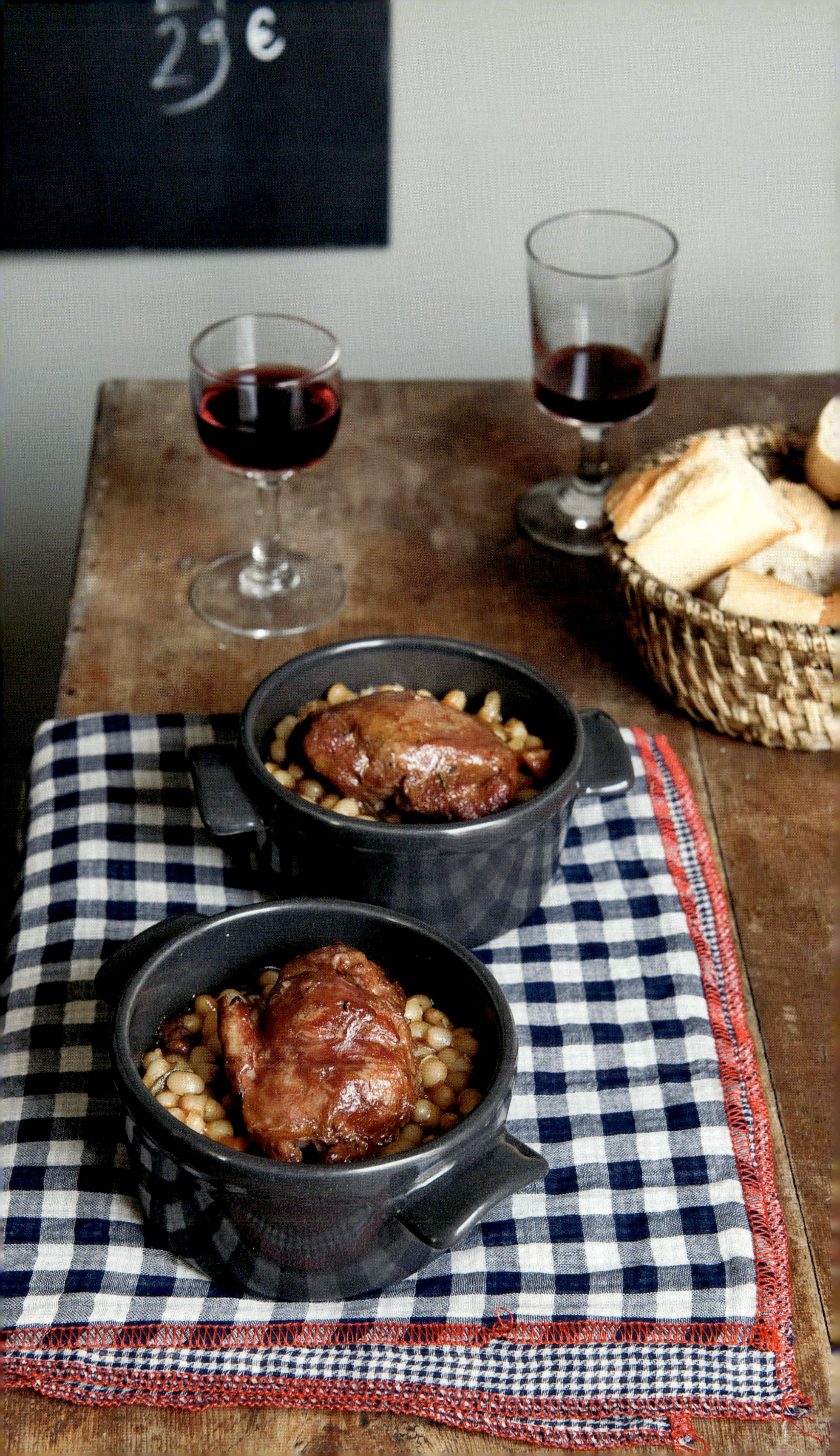
29€

Savoyer Kartoffel-Käse-Töpfchen

FÜR 6–8 MINI-BRÄTER
Zubereitung: 30 Minuten
Garzeit: 40 Minuten

1 Zwiebel
200 ml Weißwein
200 ml Sahne
1 kg Kartoffeln
1 Reblochon (oder 500 g anderen würzigen halbfesten Schnittkäse)
100 g Speckstreifen
1 Knoblauchzehe
2 Prisen Muskatnuss, frisch gerieben
Salz und Pfeffer

Vorbereiten:

Die Zwiebel schälen und fein hacken.

Den Weißwein in eine Kasserolle gießen, die Zwiebel hinzufügen und bei mittlerer Hitze 3–4 Minuten garen. Die Sahne zugeben und weitere 2–3 Minuten einkochen lassen. Vom Herd nehmen und beiseitestellen.

Den Backofen auf 180 °C vorheizen.

Währenddessen die Kartoffeln schälen und waschen. Den Käse und die Kartoffeln in dünne Scheiben schneiden.

Fertigstellen:

Die Böden der Mini-Bräter mit der geschälten Knoblauchzehe ausreiben.

Die Böden der Schmortöpfchen rosettenförmig mit den Kartoffelscheiben auslegen, sparsam mit Salz bestreuen (da Käse und Speck bereits Salz enthalten) und mit Pfeffer und etwas Muskatnuss würzen, dann den Reblochon und einige Speckstreifen einschichten. Mit Kartoffelscheiben usw. fortfahren, bis die Schmortöpfchen zu zwei Dritteln gefüllt sind. Mit einer Scheibe Reblochon abschließen und mit der Sahne-Wein-Mischung übergießen. Die Savoyer Töpfchen 30 Minuten im Ofen backen, nach der Hälfte der Garzeit – je nach Bräunungsgrad – den Deckel auflegen, damit die Gratins nicht austrocknen.

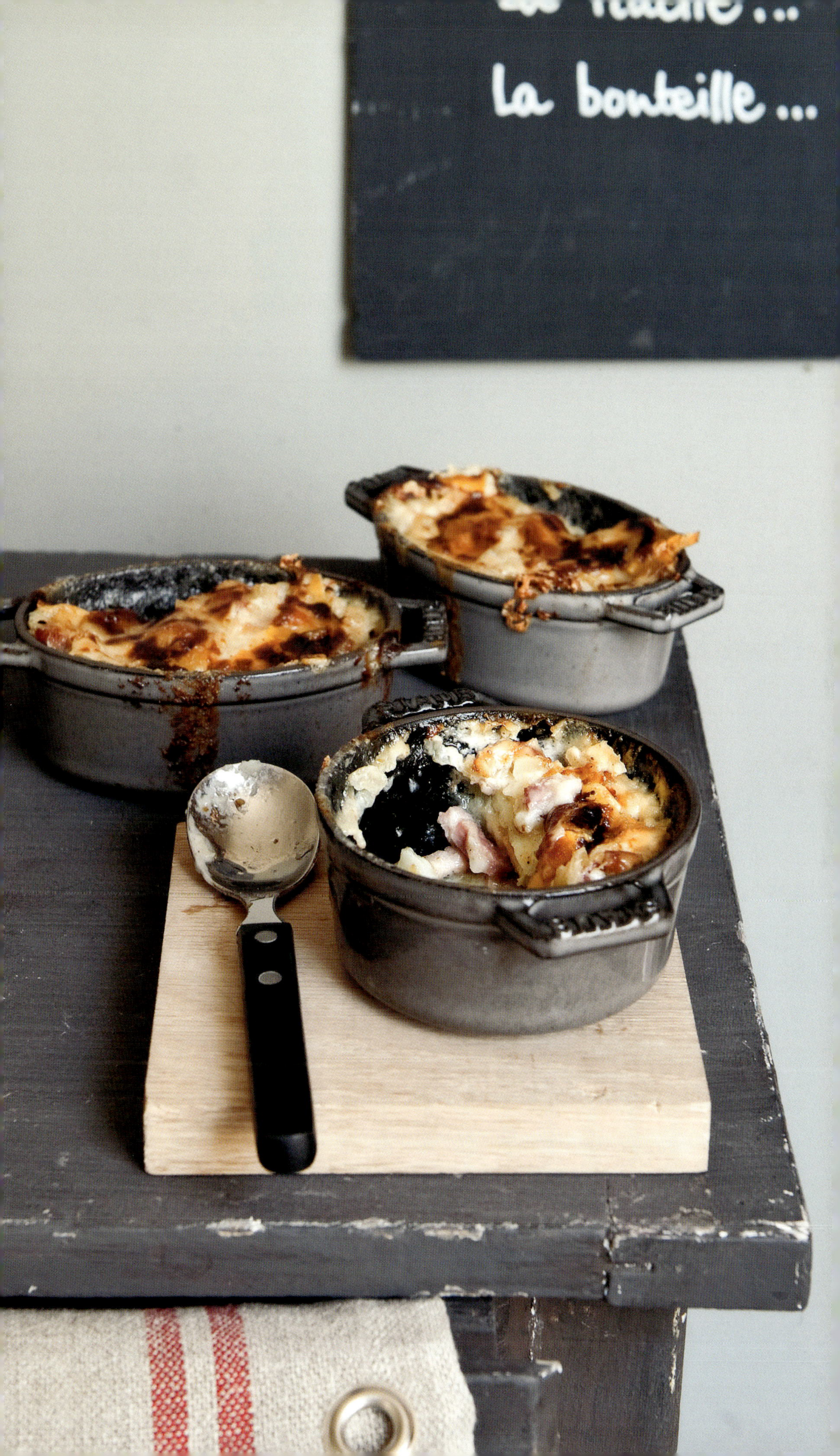
La bouteille ...

Schweinerippchen mit karamellisierten neuen Kartoffeln

FÜR 6–8 MINI-BRÄTER
Zubereitung: 35 Minuten
Garzeit: 1 Stunde

800 g–1 kg frische Schweinerippchen
400 g kleine neue Kartoffeln
2 Zwiebeln
2 EL Sonnenblumenöl
40 g Butter
20 g extrafeiner Zucker
100 ml Weißwein
400 ml Hoisinsauce (asiatisch) oder Marinade
   (aus dem Rezept „Hähnchen-Garnelen-Topf auf thailändische Art", Seite 88)
Salz und Pfeffer

Vorbereiten:

Die Schweinerippchen in kleine Stücke schneiden, dabei darauf achten, dass sich an jedem Stück mindestens zwei Knochen befinden. Mithilfe eines kleinen Messers die Knochen am oberen Ende vom Fleisch befreien (wie bei einem Lammkarree), sodass es ansprechender aussieht (oder den Metzger darum bitten).

Die Rippchenstücke in eine mit kaltem Wasser gefüllte Kasserolle legen, salzen und das Wasser zum Kochen bringen. Bei mittlerer Hitze etwa 20 Minuten vorkochen.

Währenddessen die neuen Kartoffeln und die Zwiebeln schälen. Die Kartoffeln waschen und die Zwiebeln hacken.

In einer Pfanne mit hohem Rand das Sonnenblumenöl mit der Butter und dem Zucker erhitzen. Bei starker Hitze die Kartoffeln und die Zwiebeln leicht karamellisieren, dann mit dem Weißwein ablöschen, mit Salz und Pfeffer würzen und bei sanfter Hitze köcheln lassen, bis die Flüssigkeit vollständig eingekocht ist.

Den Backofen auf 180 °C vorheizen.

Fertigstellen:

Die Rippchenstücke abgießen und abspülen.

Mithilfe eines Backpinsels mit der Hoisinsauce oder der Marinade bestreichen und zusammen mit den karamellisierten Kartoffeln und Zwiebeln gleichmäßig auf die Mini-Bräter verteilen.

Pro Schmortöpfchen 2 Esslöffel Wasser zugeben und etwa 30 Minuten im Backofen schmoren.

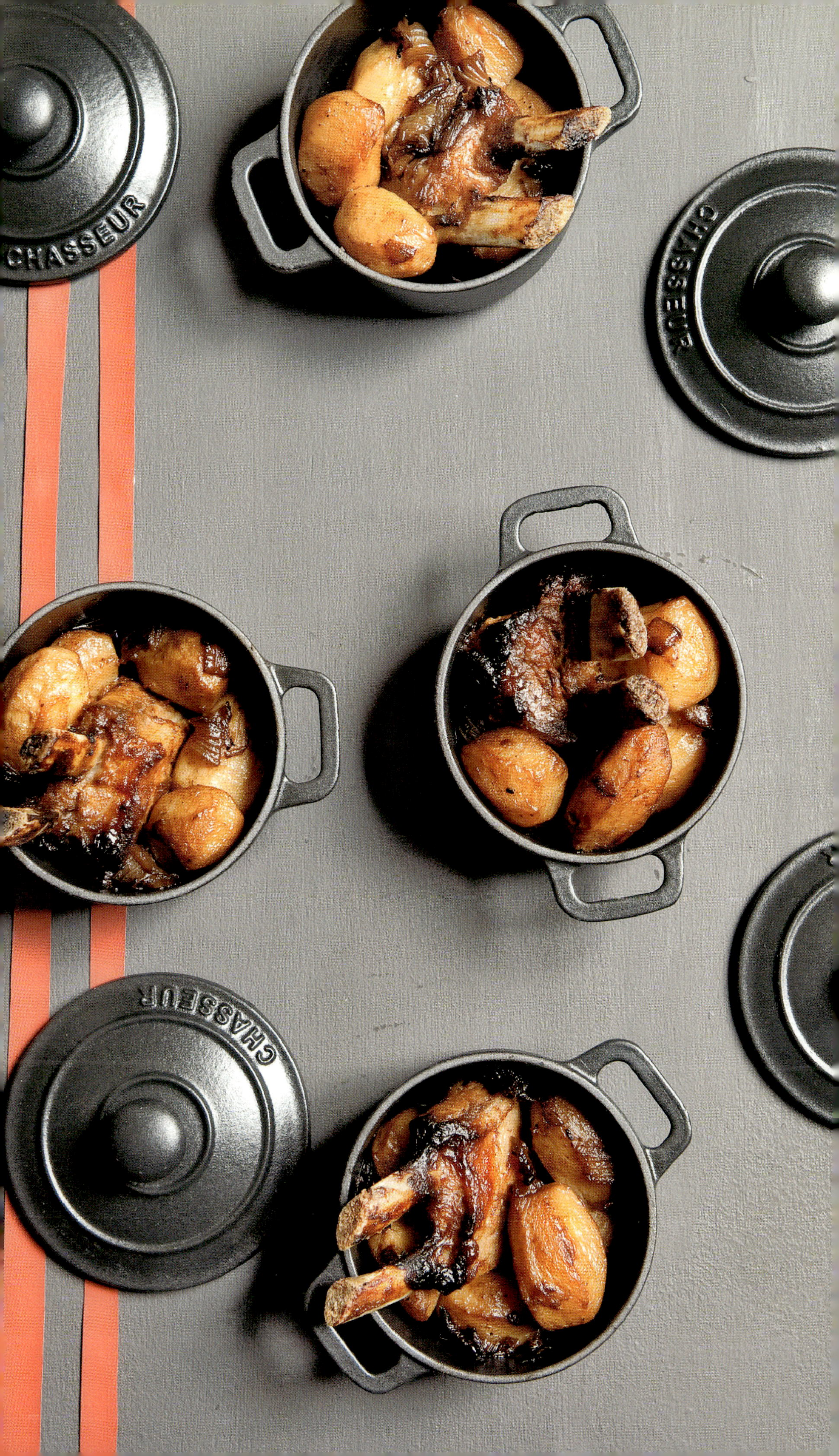
CHASSEUR
CHASSEUR
CHASSEUR

KLEINE TÖPFCHEN INTERNATIONAL

SAVEURS DU MONDE

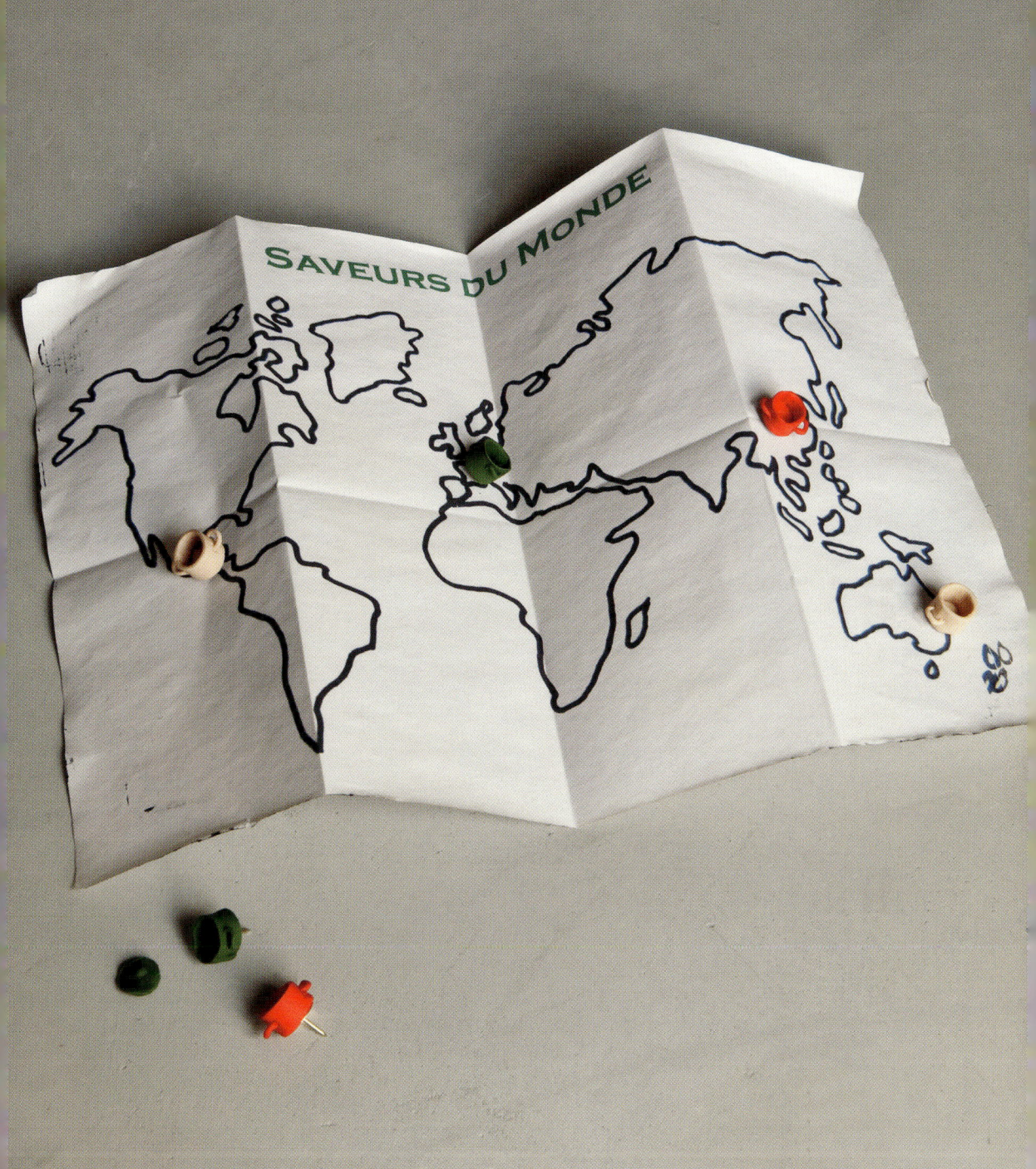

Exotische Marinaden – von süß bis sauer, von mild bis scharf

Diese vier hocharomatischen Basismarinaden lassen sich mit allerlei Zutaten kombinieren und für zahlreiche Zubereitungsarten verwenden: Begeben Sie sich auf eine Feinschmeckerreise rund um die Welt – im Mini-Schmortopf!

Marinade „Thailand"

Für Geflügel, Fisch, weißes und rotes Fleisch und Gemüse.

Ketchup
+ Honig
+ frischer Ingwer
+ Knoblauch
+ Sojasauce
+ Fleischfond
+ Sesamsamen

Marinade „Tahiti"

Für Fisch und Geflügel.

Kokosmilch
+ Limettensaft und abgeriebene Limettenschale
+ Salz und Pfeffer

Marinade „süß-sauer"

Für Geflügel und weißes Fleisch.

Honig
+ Orangensaft
+ weißer Essig
+ gehackte Schalotten
+ Sojasauce

Marinade „Indien"

Für Geflügel und weißes Fleisch.

Joghurt
+ Tandoori-Gewürz

Die in mundgerechte Stücke geschnittenen Zutaten mindestens 1 Stunde zum Marinieren in den Kühlschrank legen. Je länger Sie der Marinade Zeit lassen, die Zutaten zu durchdringen, desto aromatischer wird das Ergebnis.

Wenn Sie Fleisch marinieren möchten, um es zarter zu machen, lassen Sie es vor dem Garen über Nacht in der Marinade im Kühlschrank ziehen.

Um Zeit zu sparen, aber auch für ein möglichst sanftes Garen im Schmortöpfchen, können Sie Fleischstücke vor dem Marinieren anbraten oder vorgaren und Gemüsestücke blanchieren.

Marinade „süß-sauer"

Marinade „Indien"

Marinade „Thailand"

Marinade „Tahiti"

Karotten-Curry-Cocottes mit Honigkuchen

FÜR 6–8 MINI-BRÄTER
Zubereitung: 25 Minuten
Garzeit: 40–45 Minuten

800 g Karotten
4 Eigelb
250 ml Milch
250 ml Sahne
1 gestrichener TL Currypulver
12–16 Scheiben Honigkuchen
Salz und Pfeffer

Vorbereiten:

Die Karotten schälen und waschen. Mithilfe eines Gemüsehobels oder einer Mandoline die Karotten in sehr dünne Scheiben hobeln. Die Karottenscheiben zum Weichwerden 1–2 Minuten in kochendem Salzwasser blanchieren, dann mit kaltem Wasser abschrecken.

In einer Schüsssel die Eigelbe mit der Milch, der Sahne und dem Currypulver vermischen, mit Salz und Pfeffer würzen.

Die Honigkuchenscheiben so zurechtschneiden, dass sie genau in die Mini-Schmortöpfe hineinpassen.

Fertigstellen:

Den Backofen auf 170 °C vorheizen.

Ein ofenfestes Wasserbad vorbereiten und die Schmortöpfchen hineinstellen.

Zuerst eine passgenau zugeschnittene Scheibe Honigkuchen in jeden Mini-Schmortopf legen, mit Karottenscheiben bedecken und diese fest andrücken. Mit etwas Sahnemischung übergießen und mit einer zugeschnittenen Scheibe Honigkuchen belegen.

Zum Schluss mit der restlichen Sahnemischung übergießen und 35–40 Minuten im Wasserbad im Ofen garen.

Die Karottentöpfchen schmecken heiß genauso gut wie kalt.

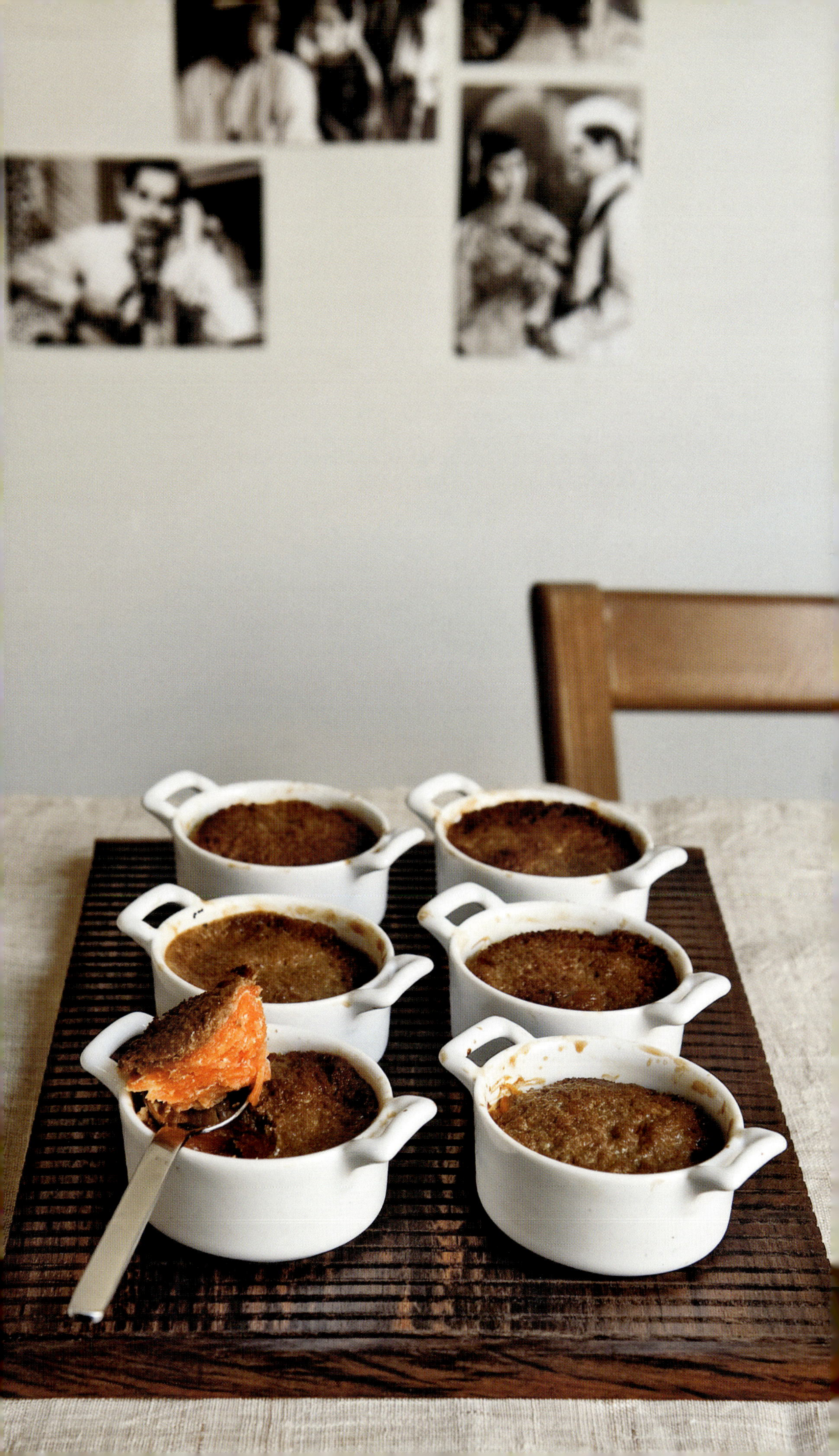

Karamellisiertes Schweinefilet im Schmortöpfchen

FÜR 6–8 MINI-BRÄTER
Zubereitung: 30 Minuten
Marinierzeit: mindestens 30 Minuten
Garzeit: 35 Minuten

1,2 kg Filet Mignon (Filetspitze) vom Schwein (oder Schweinekamm)
5 EL zum Braten geeignetes Öl
200 g Kristallzucker
2 Zwiebeln
100 g frischer Ingwer
80–100 ml Sojasauce (Soja-Pilz-Sauce; enthält weniger Salz)
50 g Sesamsamen

Vorbereiten:

Das Schweinefilet oder den Schweinekamm in kleine Würfel von etwa 1,5 cm Seitenlänge schneiden.

In einer Pfanne oder einem Wok etwas Öl bei hoher Temperatur erhitzen, dann die Fleischwürfel 1–2 Minuten darin scharf anbraten. Vom Herd nehmen und beiseitestellen.

In einer Kasserolle den Zucker mit etwas Wasser bei mittlerer Temperatur erhitzen, bis Karamell entsteht.

Währenddessen die Zwiebeln und den Ingwer schälen und im Mixer pürieren.

Sobald sich der Karamell braun gefärbt hat, die Kasserolle vom Herd nehmen und vorsichtig die Sojasauce und das Zwiebel-Ingwer-Püree hinzufügen. Mithilfe eines Holzspatels gründlich vermischen und bei milder Hitze für etwa 2 Minuten zurück auf den Herd stellen, bis sich die Zutaten miteinander verbunden haben.

Die Karamellsauce über die Fleischwürfel gießen und gut vermischen. Mindestens 30 Minuten im Kühlschrank marinieren.

Fertigstellen:

Den Backofen auf 180 °C vorheizen.

Das marinierte Schweinefleisch gleichmäßig auf die Mini-Bräter verteilen, zum besseren Garen etwas Wasser zugeben und 20–25 Minuten im Backofen erhitzen.

Aus dem Ofen nehmen, mit Sesamsamen bestreuen und sofort servieren.

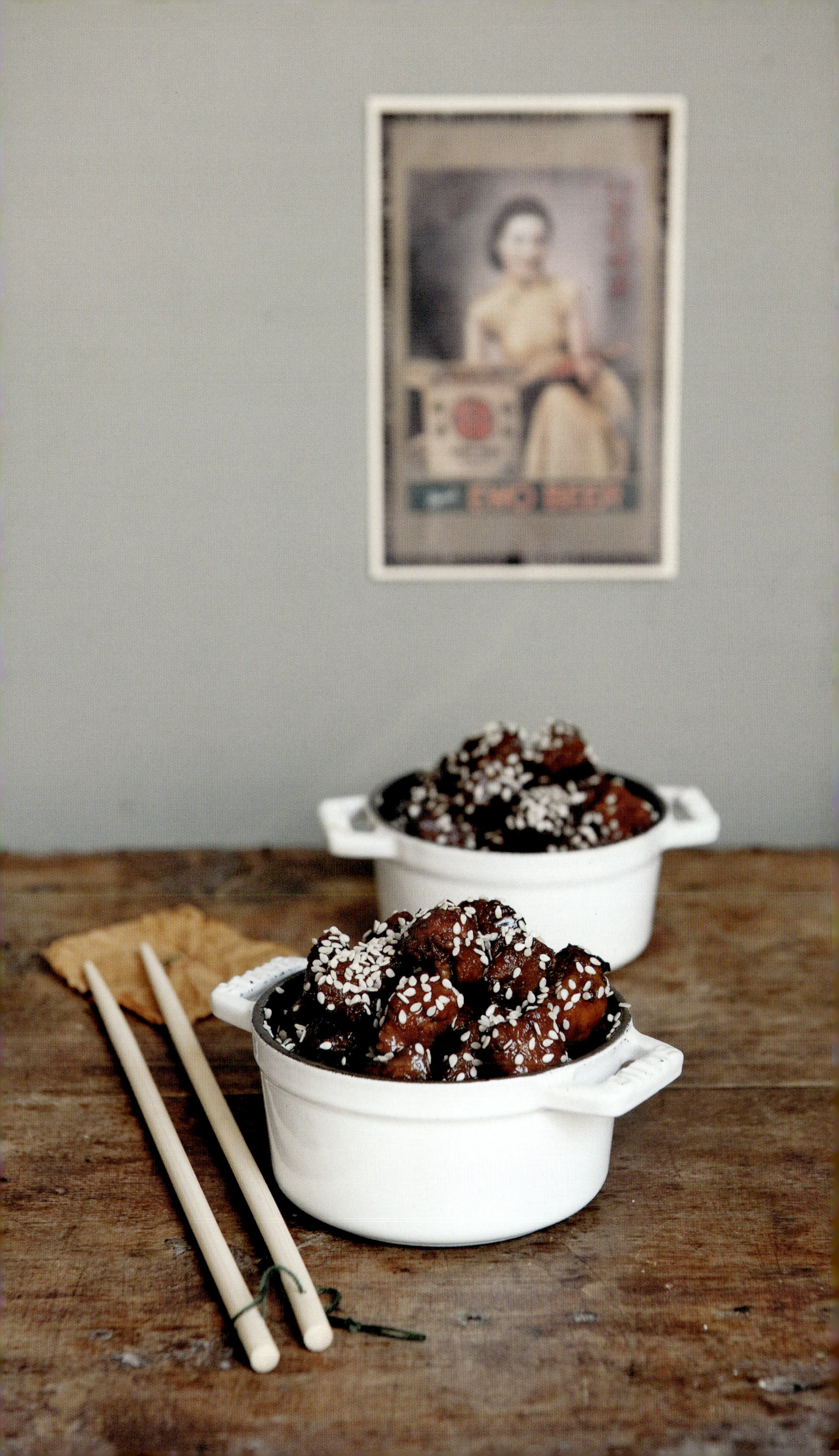

Hähnchen-Garnelen-Topf auf thailändische Art

FÜR 6–8 MINI-BRÄTER
Zubereitung: 20 Minuten am Vortag plus 10 Minuten
Marinierzeit: 1 Nacht
Garzeit: 30 Minuten

3 Knoblauchzehen
40 g frischer Ingwer
80 g Ketchup
1 EL Honig
50 ml Sojasauce (vorzugsweise der Marke Kikkoman)
200 ml Kalbsfond oder Rinderbouillon (im Glas oder aus Brühwürfel oder Instantpulver hergestellt)
12–16 Riesengarnelen
6–8 Hähnchenunterschenkel („Drumsticks")
12–16 junge Maiskölbchen aus der Dose oder tiefgekühlt (optional)
80 g Sesamsamen
½ Bund Koriandergrün

Vorbereiten:

Am Vortag den Knoblauch und den Ingwer schälen und fein hacken. In einer Schüssel den Ketchup mit dem Honig, der Sojasauce, dem Kalbsfond oder der Rinderbouillon, dem Knoblauch und dem Ingwer vermischen.

Die Garnelen schälen, nur das Schwanzsegment an der Garnele belassen. Die schwarzen Därme entfernen. Die Hähnchenunterschenkel und die Riesengarnelen mit der Marinade mischen und bis zum nächsten Tag zum Marinieren in den Kühlschrank stellen.

Fertigstellen:

Den Backofen auf 170 °C vorheizen.

Die Mini-Schmortöpfe mit jeweils 1 Hähnchenunterschenkel, 2 Riesengarnelen und, falls verwendet, 2 Maiskölbchen füllen.

Die Marinadenreste mit etwas Wasser verdünnen und den Inhalt der Schmortöpfchen damit übergießen. Mit Sesamsamen bestreuen und 25–30 Minuten im Backofen garen.

Aus dem Ofen nehmen, mit frischen Korianderblättchen garnieren und sofort servieren.

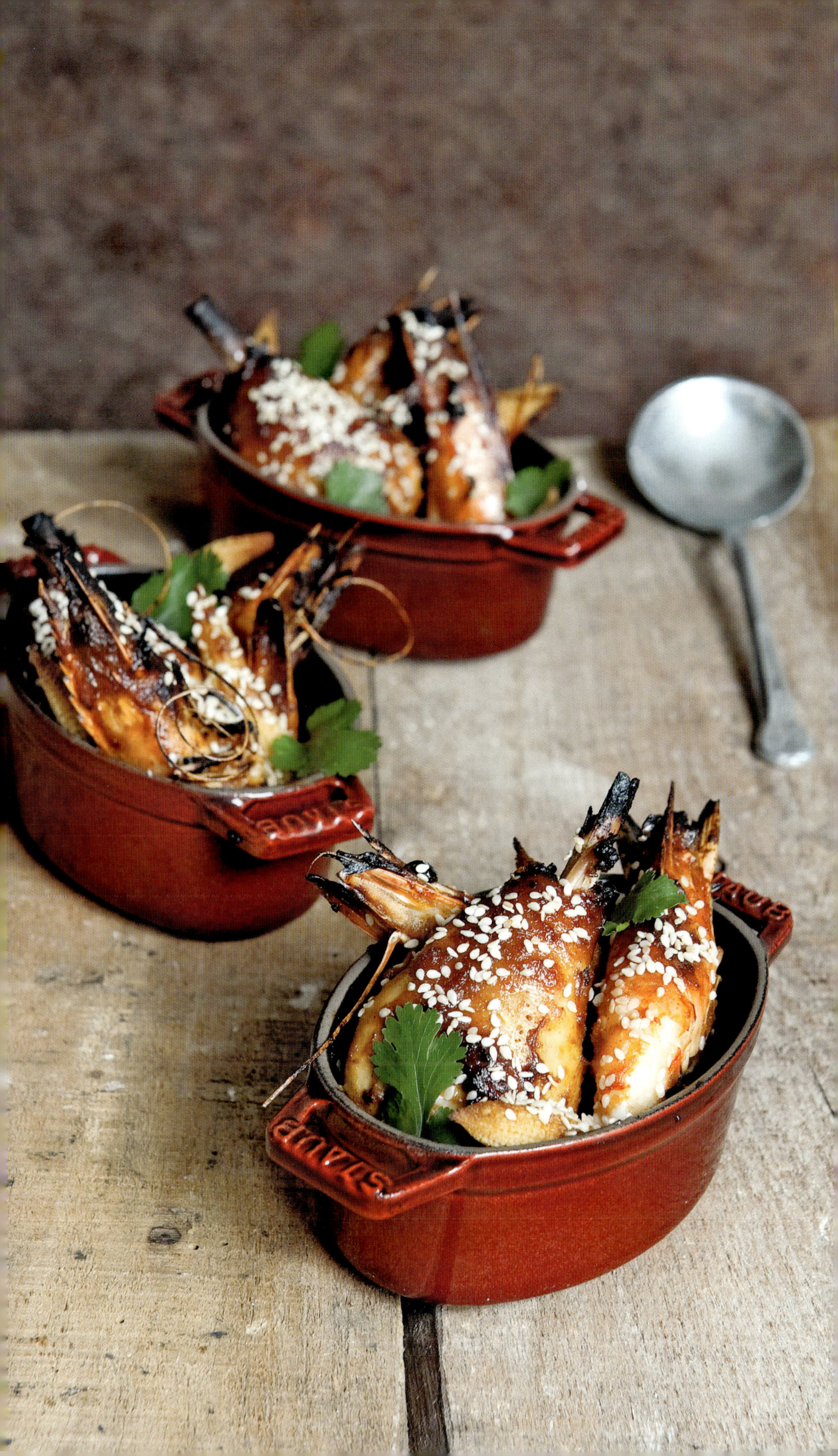
staub

Kräuter-Chili-Fleischklößchen mit Kidneybohnen
… oder die „Chili-con-carne"-Spezialversion für den Minitopf

FÜR 6–8 MINI-BRÄTER
Zubereitung: 50 Minuten
Garzeit: 50 Minuten

1 Zwiebel
2 Knoblauchzehen
1 rote Paprika
100 ml Olivenöl
1 TL Tomatenmark
1 TL extrafeiner Zucker
300 g geschälte Tomaten
500 g Kidneybohnen (aus der Dose)
½ Bund Koriandergrün
½ Bund glatte Petersilie
600 g Hackfleisch vom Rind
3 Prisen gemahlener Kreuzkümmel (Cumin)
1 TL Cayennepfeffer
1 Ei
200 g Semmelbrösel
Salz und frisch gemahlener Pfeffer

Vorbereiten:

Die Zwiebel und die Knoblauchzehen schälen. Die Paprika von Samen und Scheidewänden befreien.

Die Zwiebel und die Paprika klein schneiden, die Knoblauchzehen vom Keim befreien und hacken.

Zwiebel, Paprika und Knoblauch mit 2 Esslöffeln Olivenöl in einen Topf geben und einige Minuten bei mittlerer Temperatur erhitzen, dann das Tomatenmark und den Zucker hinzufügen.

Danach die geschälten Tomaten zugeben, mit Salz und Pfeffer würzen und etwa 35 Minuten bei mittlerer Temperatur leise köcheln lassen.

Die roten Kidneybohnen abgießen, abspülen und zur Tomaten-Paprika-Sauce geben. Vom Herd nehmen und abkühlen lassen.

Das Koriandergrün und die Petersilie waschen, die Blättchen von den Stängeln zupfen und diese klein schneiden.

Das Rinderhackfleisch in eine Schüssel geben und mit 3 Esslöffeln Olivenöl, dem Kreuzkümmel, dem Cayennepfeffer, den zerkleinerten Kräutern, dem Ei, Salz und Pfeffer gründlich verkneten.

Aus der Hackfleischmasse mit den Händen aprikosengroße Fleischbällchen formen.

Die Hackfleischbällchen in den Semmelbröseln rollen, dabei die Semmelbrösel gut andrücken, damit sie an den Fleischbällchen haften bleiben.

Fertigstellen:

Den Backofen auf 210 °C vorheizen.

Zuerst die Bohnen-Tomaten-Mischung gleichmäßig auf die Mini-Bräter verteilen, sodass diese zur Hälfte gefüllt sind, dann die Fleischbällchen darauflegen.

Im Backofen etwa 8 Minuten garen.

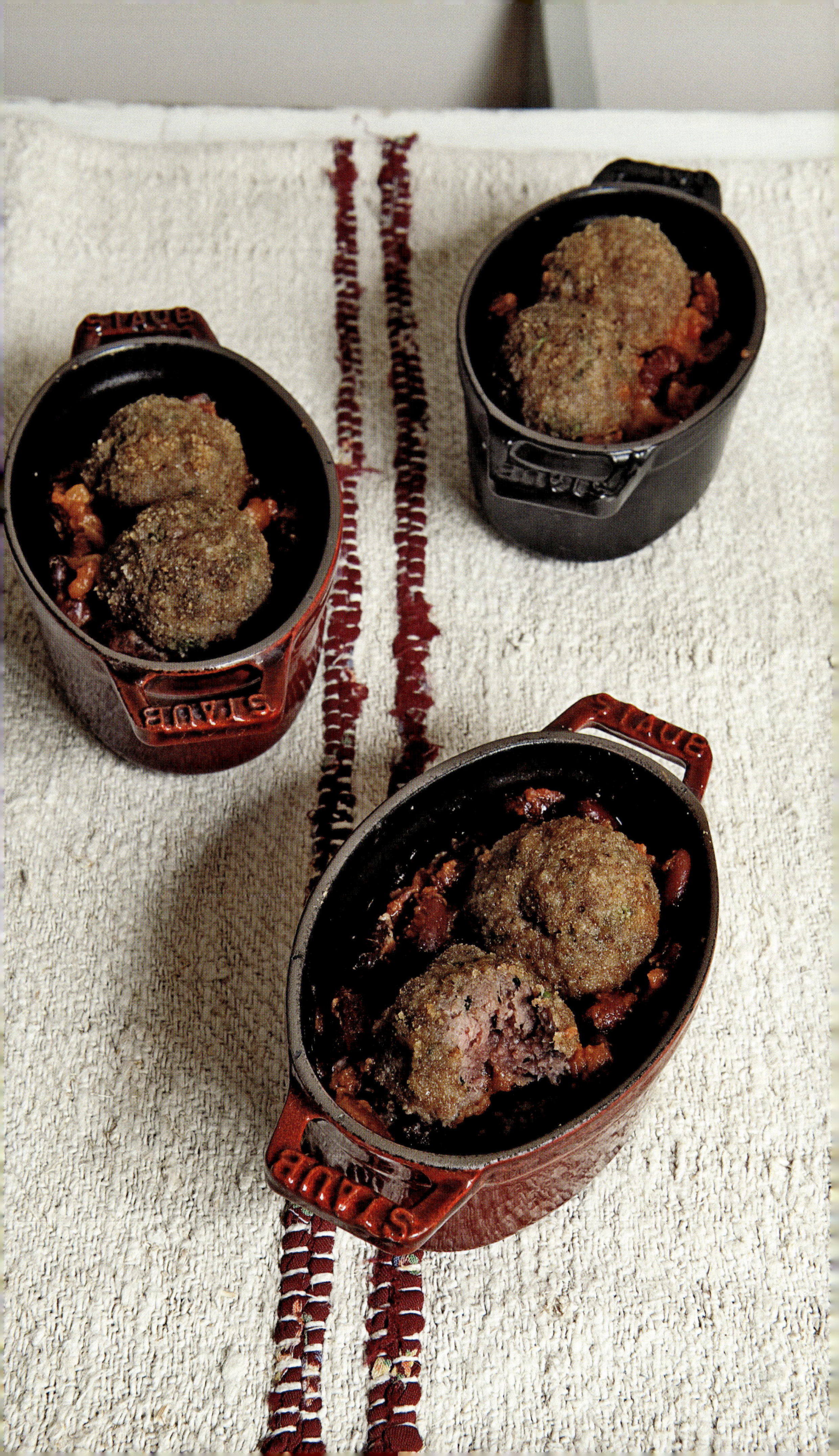
STAUB
STAUB

Blutwurst-Crumble mit Birnen und Ingwer

FÜR 6–8 MINI-BRÄTER
Zubereitung: 25 Minuten
Garzeit: 30 Minuten

600 g Blutwurst
4 Birnen
50 g frischer Ingwer
2 EL Honig
20 g Butter

Für die Crumble-Streusel:
125 g Butter
250 g Mehl
50 g brauner Zucker
2 Eigelb
2 Prisen Salz

Vorbereiten:

Für die Streusel die weiche Butter, das Mehl, den braunen Zucker, die Eigelbe und das Salz mit den Fingerspitzen vermischen, ohne die Zutaten zu kneten, bis sie sich zu groben Streuseln verbinden. Im Kühlschrank ruhen lassen.

Die Haut der Blutwürste entfernen und die Wurst zerpflücken.

Die Birnen schälen, vom Kerngehäuse befreien und in kleine Würfel schneiden.

Den Ingwer schälen und fein hacken.

In einer Pfanne oder einem Wok den Honig mit der Butter schmelzen und den gehackten Ingwer etwa 2 Minuten darin anschwitzen. Die Birnenwürfel hinzufügen und bei mittlerer Hitze einige weitere Minuten anbraten.

Vom Herd nehmen, die Blutwurst zugeben und gründlich untermischen.

Fertigstellen:

Den Backofen auf 180 °C vorheizen.

Die Mini-Bräter bis zur Hälfte mit der Blutwurst-Birnen-Mischung füllen, dann die Streusel darauf verteilen. Etwa 20 Minuten im Ofen backen.

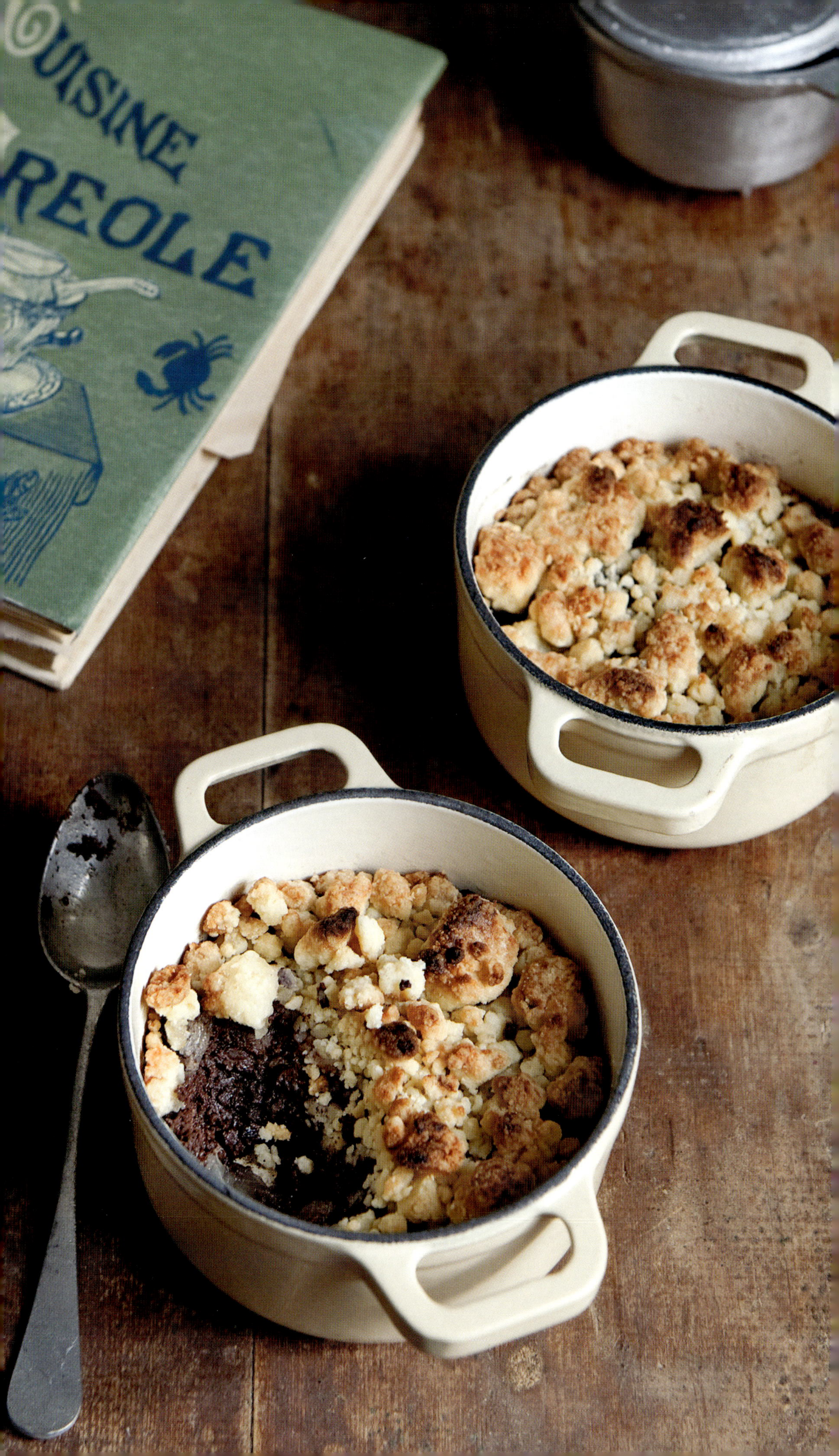

Seezungenfilet mit Spinat unter der Mandelbaiserhaube

FÜR 6–8 MINI-BRÄTER
Zubereitung: 30 Minuten plus Auftauen am Vortag
Garzeit: 30 Minuten

1 kg tiefgekühlter Blattspinat
18–24 kleine Seezungenfilets (3 pro Mini-Bräter)
1 kleine Flasche scharfe Sauce (Chilisauce oder asiatische Art)
4 Eiweiß
50 g extrafeiner Zucker
120 g Mandelblättchen
Salz und Zucker

Vorbereiten:

Den Blattspinat am Vortag in einem Sieb auftauen lassen.

Am nächsten Tag den Blattspinat gut ausdrücken, um ihm möglichst viel Wasser zu entziehen, und zu kleinen Bällchen formen, die auf die Seezungenfilets passen.

Die Seezungenfilets flach auf der Arbeitsfläche ausbreiten, salzen, pfeffern und der Länge nach mit etwas scharfer Sauce beträufeln. Ein Spinatbällchen jeweils auf dem einen Ende der Seezungenfilets platzieren und als Füllung in das Fischfilet einrollen.

Den Backofen auf 150 °C vorheizen.

Die Eiweiße steif schlagen, dann den Zucker hinzufügen und kräftig weiterschlagen, bis eine feste Baisermasse entstanden ist.

Fertigstellen:

Die Seezungenfilets gleichmäßig auf die Mini-Bräter verteilen, mit Salz und Pfeffer würzen und mit etwas scharfer Sauce beträufeln. Mithilfe eines Küchenspatels die Schmortöpfchen mit der Baisermasse bedecken. Das Baiser mit den Mandelblättchen bestreuen.

25 Minuten im Ofen backen.

Sofort servieren – als kleinen Snack oder nach Belieben anstelle des Garnelen-Spargel-Töpfchens mit Parmesan als Bestandteil der Schmortöpfchen-Mahlzeit "Erde & Meer" (siehe Seite 130) genießen.

TIPP: Die Mini-Schmortöpfe am Vortag zubereiten und mit Frischhaltefolie abgedeckt im Kühlschrank aufbewahren. Am nächsten Tag ist dann nur noch die Baisermasse herzustellen, auf den Schmortöpfchen zu verteilen und alles im letzten Moment im Ofen zu backen.

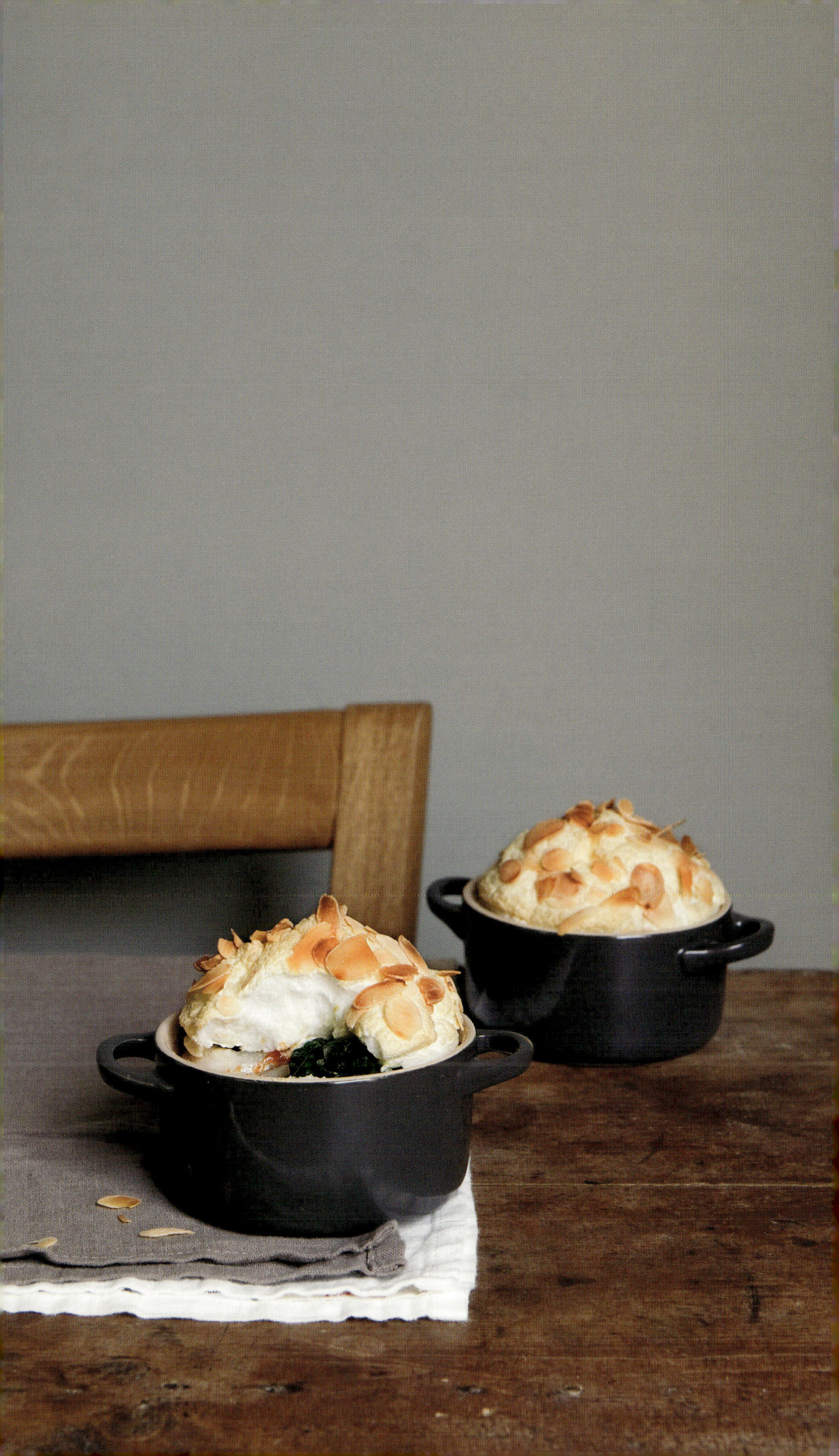

Mini-Bouillabaisse

FÜR 6–8 MINI-BRÄTER
Zubereitung: 35 Minuten
Garzeit: 50 Minuten

400 g Kartoffeln
2 g Safranfäden
50 ml Pastis
300 g Miesmuscheln
6–8 Kaisergranate
6–8 Rotbarbenfilets
300 g Filets vom Drachenkopf, Meeraal oder Petersfisch
1 l Fischfond (Ferigprodukt aus dem Glas)

Vorbereiten:

Die Kartoffeln schälen, waschen und in dicke Scheiben schneiden. Diese in einen mit Salzwasser gefüllten Topf geben, die Hälfte der Safranfäden und den Pastis hinzufügen, zum Kochen bringen und 8 Minuten garen: Sie sollen danach noch hart sein.

Währenddessen die Miesmuscheln reinigen, die Kaisergranate vorsichtig aus den Schalen brechen, sodass Kopf und Schwanzsegment erhalten bleiben. Die Fischfilets in kleine Stücke schneiden.

Fertigstellen:

Den Backofen auf 170 °C vorheizen.

Die Kartoffelscheiben mithilfe eines Schaumlöffels behutsam aus dem Wasser heben. Die restlichen Safranfäden mit dem Fischfond und dem Kartoffel-Pastis-Sud vermischen und erhitzen, bis die Suppe gerade eben zu köcheln beginnt.

Gleichmäßig auf die Mini-Bräter verteilen. Nun 1 oder 2 Kartoffelscheiben zugeben und darauf zuerst die Kaisergranate und schließlich die Fischfiletstücke und die Muscheln anrichten. Mit den restlichen Kartoffelscheiben abschließen.

Die Schmortöpfchen im Backofen etwa 25 Minuten garen.

TIPP: Eine Bouillabaisse wird traditionellerweise in zwei Portionen serviert: Den Anfang bildet die Suppe mit Röstbrot und Rouille (rote Chili-Knoblauch-Mayonnaise), danach werden die Fische im Ganzen zusammen mit den Kartoffeln gereicht. Zu diesen Mini-Schmortöpfen können Sie geröstete Brotschnitten mit Rouille servieren.

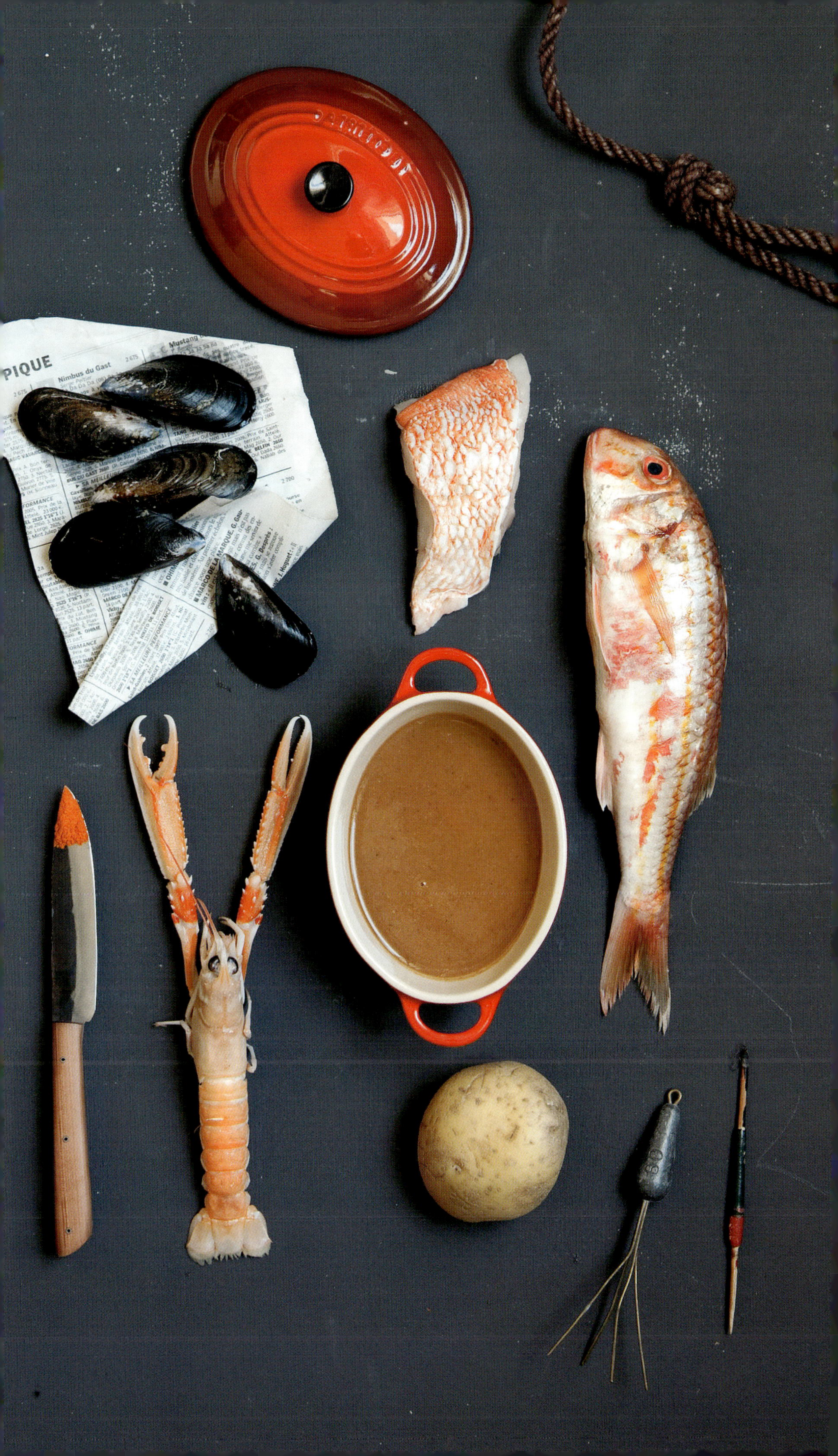
PIQUE
Nimbus du Gast
Mustang

Gnocchi mit Oliven in Parmesancreme

Für 6–8 Mini-Bräter
Zubereitung: 20 Minuten
Garzeit: 25 Minuten

350 g frische Kartoffelgnocchi
50 ml Olivenöl
250 ml Sahne
125 g Parmesan, frisch gerieben
60 g schwarze Oliven ohne Stein
60 g grüne Oliven ohne Stein
Salz und frisch gemahlener Pfeffer

Vorbereiten:

Die Gnocchi 3 Minuten in kochendem Salzwasser blanchieren.

Die Gnocchi abgießen und mit Olivenöl bestreichen.

Die Sahne bei milder Hitze in einer Kasserolle erwärmen und mit Pfeffer würzen.

Beim ersten Aufköcheln den Parmesan hinzufügen und umrühren, bis die Sauce leicht eindickt.

Vom Herd nehmen, erst die Oliven zugeben (dabei einige zum Garnieren zurückbehalten) und danach die Gnocchi. Gut mit der Parmesancreme vermischen.

Fertigstellen:

Den Backofen auf 210 °C vorheizen.

Die Gnocchi mit der Parmesancreme gleichmäßig auf die Mini-Bräter verteilen und etwa 12 Minuten im Ofen erhitzen.

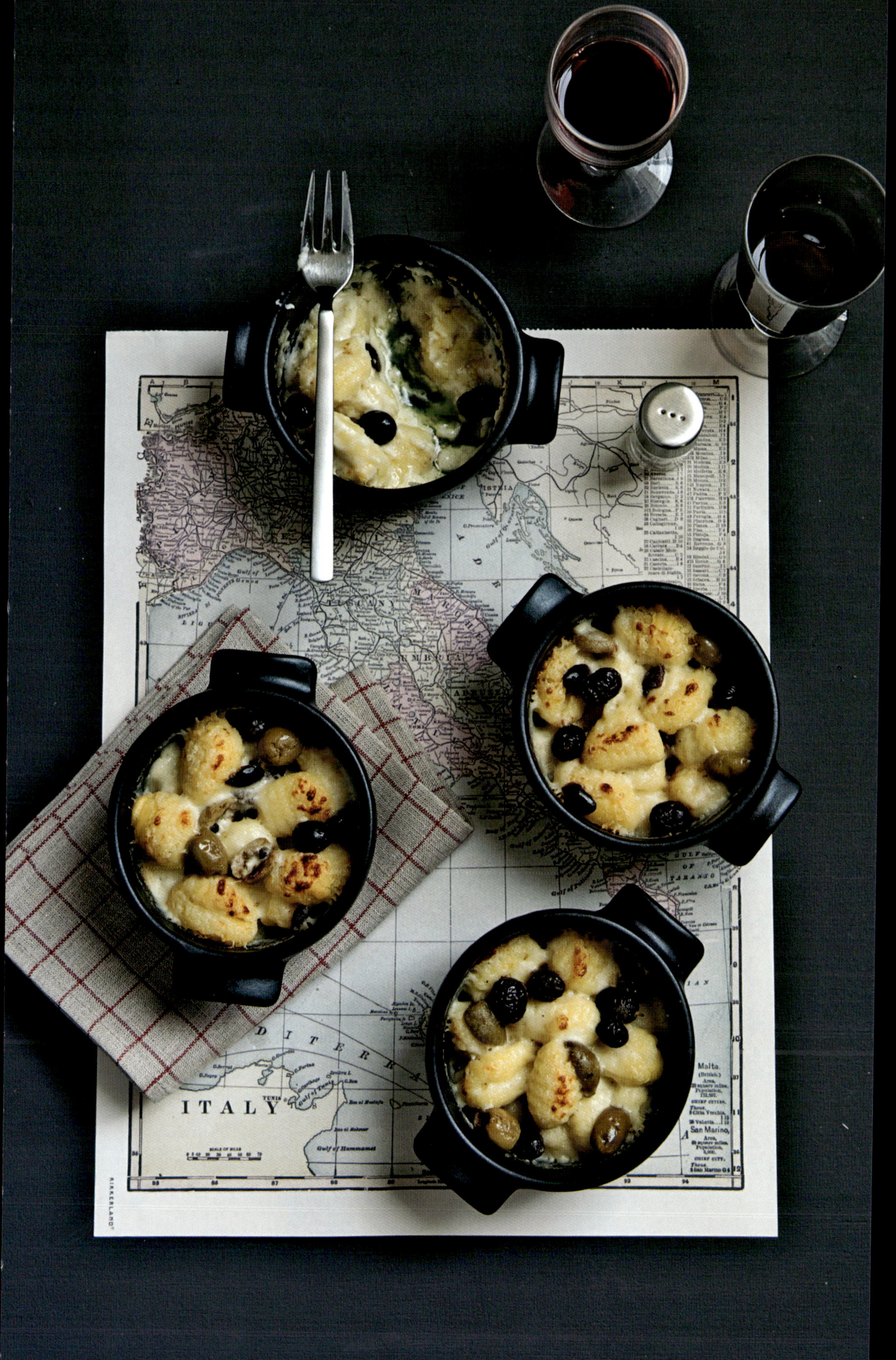
ITALY
Gulf of Hammamet
Malta
San Marino

Rote Zwiebeln im Töpfchen, gefüllt mit Lammfleisch, Feta und Pinienkernen

FÜR 8 MINI-BRÄTER
Zubereitung: 40 Minuten
Garzeit: 35 Minuten

8 rote Zwiebeln
300 g Lammfleisch, Fett entfernt
120 g Feta
100 ml Olivenöl
80 g Pinienkerne
1 TL Oregano
3 Prisen gemahlener Kreuzkümmel (Cumin)
Salz und frisch gemahlener Pfeffer

Vorbereiten:

Die Zwiebeln so schälen, dass sie nicht auseinanderfallen.

In einem Topf mit kochendem Salzwasser etwa 5 Minuten vorkochen.

Abgießen und unter fließendem kaltem Wasser abschrecken.

Mithilfe eines kleinen Messers von den Zwiebeln einen flachen Deckel abschneiden und mit einem Löffel so aushöhlen, dass nur noch die zwei äußeren Schichten übrig bleiben. Das Innere wird nicht mehr benötigt. Die ausgehöhlten Zwiebeln kalt stellen.

Das Lammfleisch in große Stücke und den Feta in kleine Würfel schneiden.

Das Fleisch durch einen Fleischwolf drehen (oder den Metzger darum bitten), mit Salz und Pfeffer würzen und mit 3 Esslöffeln Olivenöl, den Pinienkernen, dem Oregano und dem Kreuzkümmel gründlich vermischen.

Vorsichtig die Fetawürfel untermischen (dabei 8 Würfel für die Garnitur zurückbehalten).

Fertigstellen:

Den Backofen auf 180 °C vorheizen.

Die ausgehöhlten Zwiebeln großzügig mit der Farce füllen.

Je eine gefüllte Zwiebel in einen Mini-Schmortopf setzen, obenauf je einen der zurückbehaltenen Fetawürfel legen und mit etwas Olivenöl beträufeln.

In den Ofen schieben, die Temperatur auf 160 °C senken und etwa 25 Minuten schmoren.

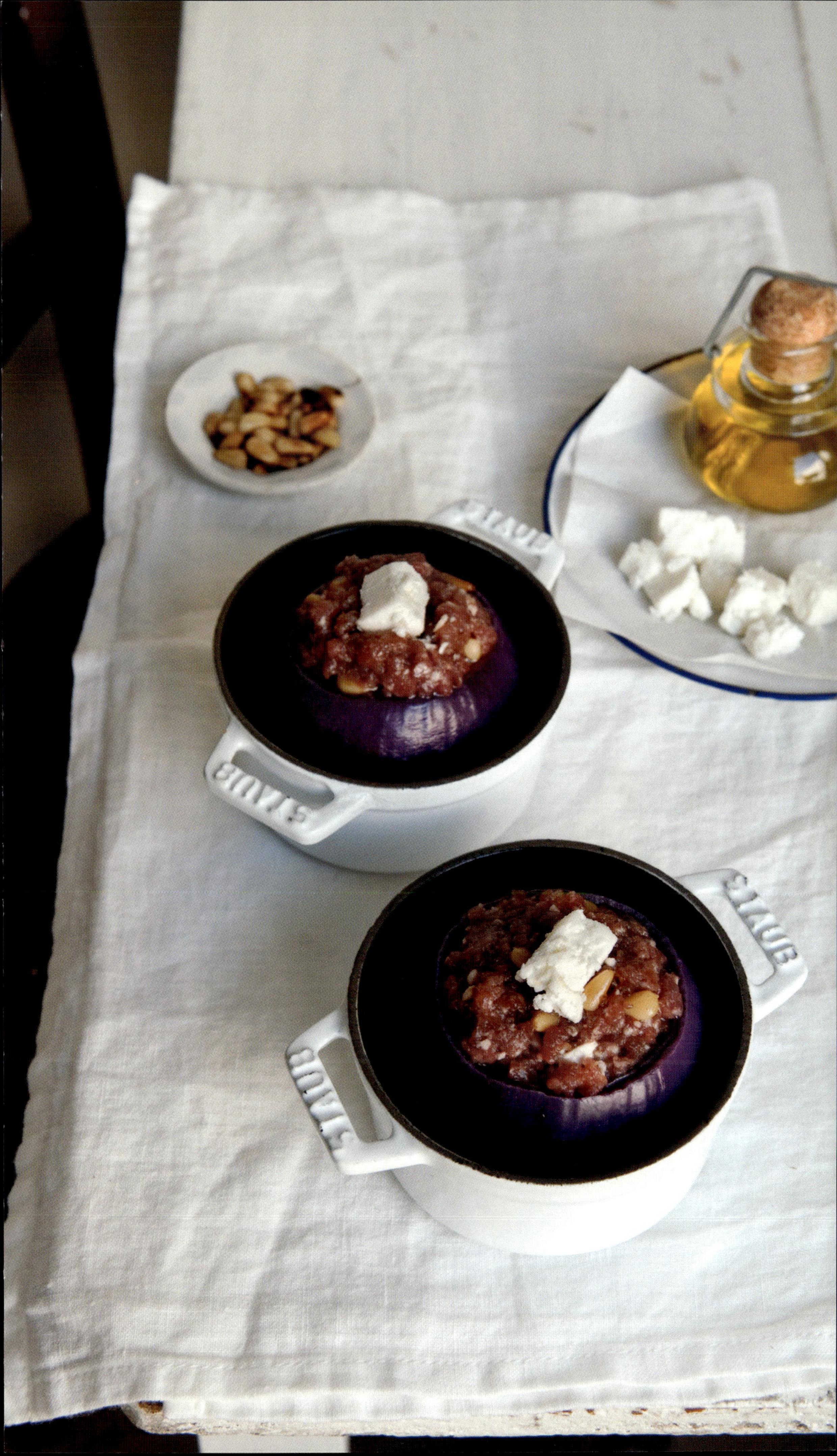
STAUB
STAUB
STAUB

Entenspießchen mit Saté-Gewürz

FÜR 8 MINI-BRÄTER
Zubereitung: 20 Minuten
Marinierzeit: mindestens 1 Stunde
Garzeit: 10 Minuten

16 schmale Streifen Entenbrust
100 g Saté-Gewürz (erhältlich in asiatischen Lebensmittelgeschäften)
1 Limette
8 Palmherzen
100 ml Olivenöl
1 Bund Schnittlauch
Salz und frisch gemahlener Pfeffer
16 Holzspießchen (Zahnstocher aus Holz)

Vorbereiten:

Die Entenbruststreifen mit 80 g Saté-Gewürz bestreuen und das Gewürz gut andrücken.

Flach auf einer Platte ausbreiten, mit Salz und Pfeffer würzen und mit Olivenöl und Limettensaft beträufeln. Die Entenbruststreifen mindestens 1 Stunde im Kühlschrank marinieren.

Die Palmherzen in die Entenbruststreifen einwickeln und mit einem Holzspießchen fixieren.

In jeden Mini-Schmortopf 2 Entenspießchen legen, mit etwas Marinade beträufeln und etwa 8 Minuten (je nach gewünschtem Gargrad) im Ofen garen.

Unmittelbar vor dem Servieren die Schmortöpfchen mit dem restlichen Saté-Gewürz und dem klein geschnittenen Schnittlauch bestreuen.

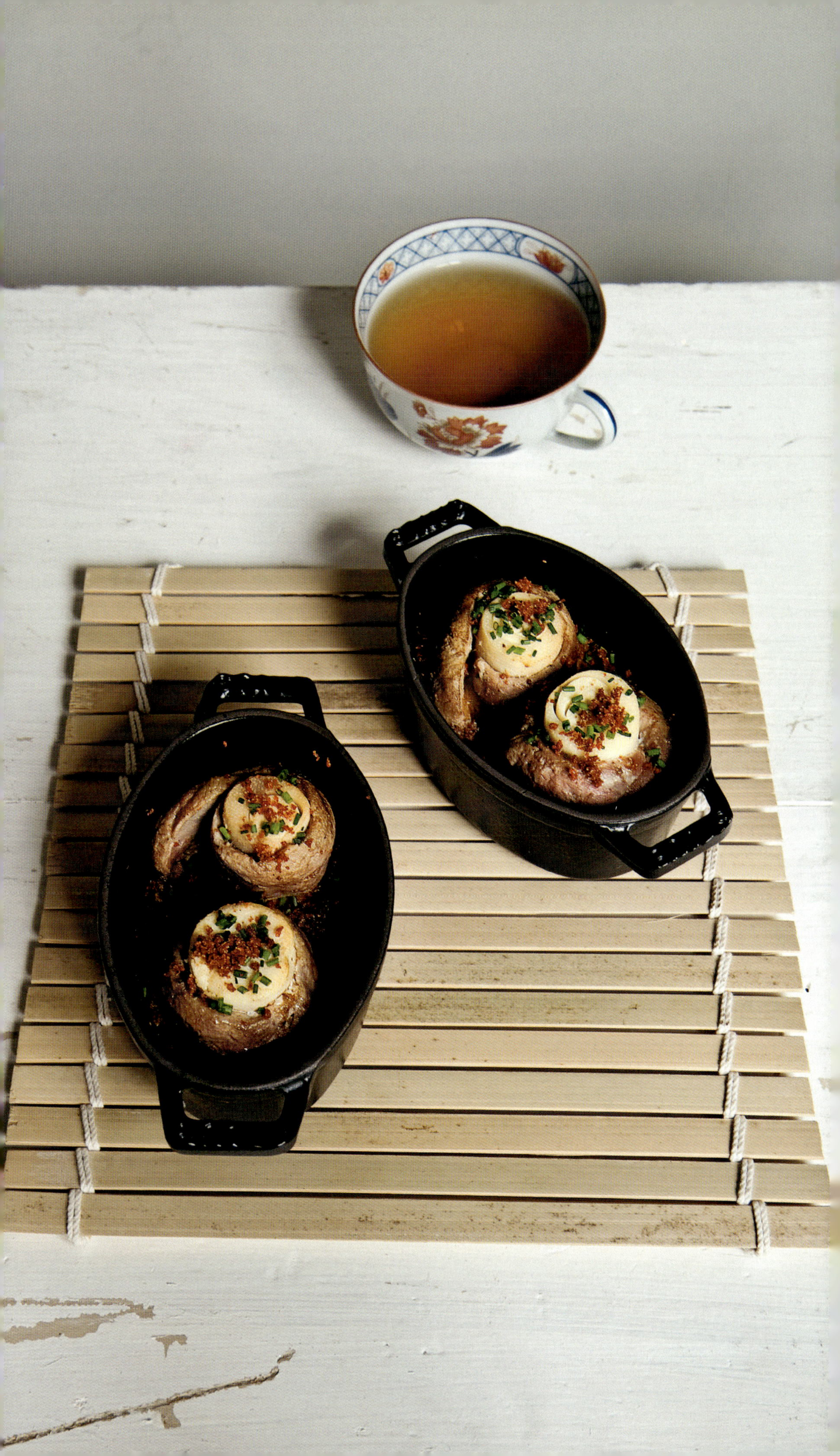

SOUFFLIERT UND GRATINIERT

- GRATINÉES -

- SOUFFLÉES -

Gratinierte Auberginen „alla parmigiana"

FÜR 6–8 MINI-BRÄTER
Zubereitung: 1 Stunde
Garzeit: 1 Stunde und 50 Minuten

Für die Tomaten-Basilikum-Sauce:
2 Zwiebeln
4 Knoblauchzehen
50 ml Olivenöl
1 EL Tomatenmark
15 g extrafeiner Zucker
800 g geschälte Tomaten
½ Bund Basilikum
Salz und frisch gemahlener Pfeffer

Für die Auberginen:
3 große Auberginen
Olivenöl
150 g Mozzarella
200 g Parmesan, frisch gerieben
150 g Semmelbrösel
Salz und frisch gemahlener Pfeffer

Zubereiten der Tomaten-Basilikum-Sauce:

Die Zwiebeln schälen und hacken. Den Knoblauch schälen, vom Keim befreien und fein hacken. Beides in einem Topf bei mittlerer Hitze einige Minuten im Olivenöl anbraten, dann das Tomatenmark, den Zucker und schließlich die geschälten Tomaten hinzufügen. Mit Salz und Pfeffer würzen und 1 Stunde bei mittlerer Hitze leise köcheln lassen.

Wenn die Sauce fertig ist, das klein geschnittene Basilikum unterrühren.

Vorbereiten der Auberginen:

Die Auberginen quer in 5 mm dicke Scheiben schneiden, diese auf einem mit Küchenpapier belegten Blech nebeneinander ausbreiten, mit Salz bestreuen und einige Minuten Wasser ziehen lassen. Trocken tupfen.

In eine Sauteuse so viel Olivenöl gießen, dass der Boden bedeckt ist, und bei mittlerer Temperatur erhitzen. Die Auberginenscheiben darin 2–3 Minuten pro Seite anbraten, bis sie eine appetitlich goldbraune Färbung angenommen haben; beim Wenden weiteres Olivenöl zugeben. Auf Küchenpapier abtropfen lassen, dann mit etwas Pfeffer bestreuen.

Fertigstellen:

Den Mozzarella in dünne Scheiben schneiden (pro Mini-Schmortopf 1 Scheibe verwenden). Den Backofen auf 160 °C vorheizen.

In jedes Schmortöpfchen 1–2 gebratene Auberginenscheiben legen, mit Parmesan und Semmelbröseln bestreuen und mit der Tomaten-Basilikum-Sauce nappieren. Mit weiteren Schichten fortfahren und die Schmortöpfchen bis zum Rand füllen. Nach etwa der Hälfte die Scheibe Mozzarella mit einschichten. Mit einer Lage geriebenem Parmesan abschließen.

Die Schmortöpfchen etwa 40 Minuten im Ofen backen.

Sofort servieren – als Beilage zu einem Fleisch- oder Fischgericht oder im Doppelpack, wie im Schmortöpfchen-Duo „klein & fein" vorgeschlagen, kombiniert mit kleinen "Ravioles du Royans" (französische Ravioli mit Käse-Petersilien-Füllung; Rezept auf Seite 146).

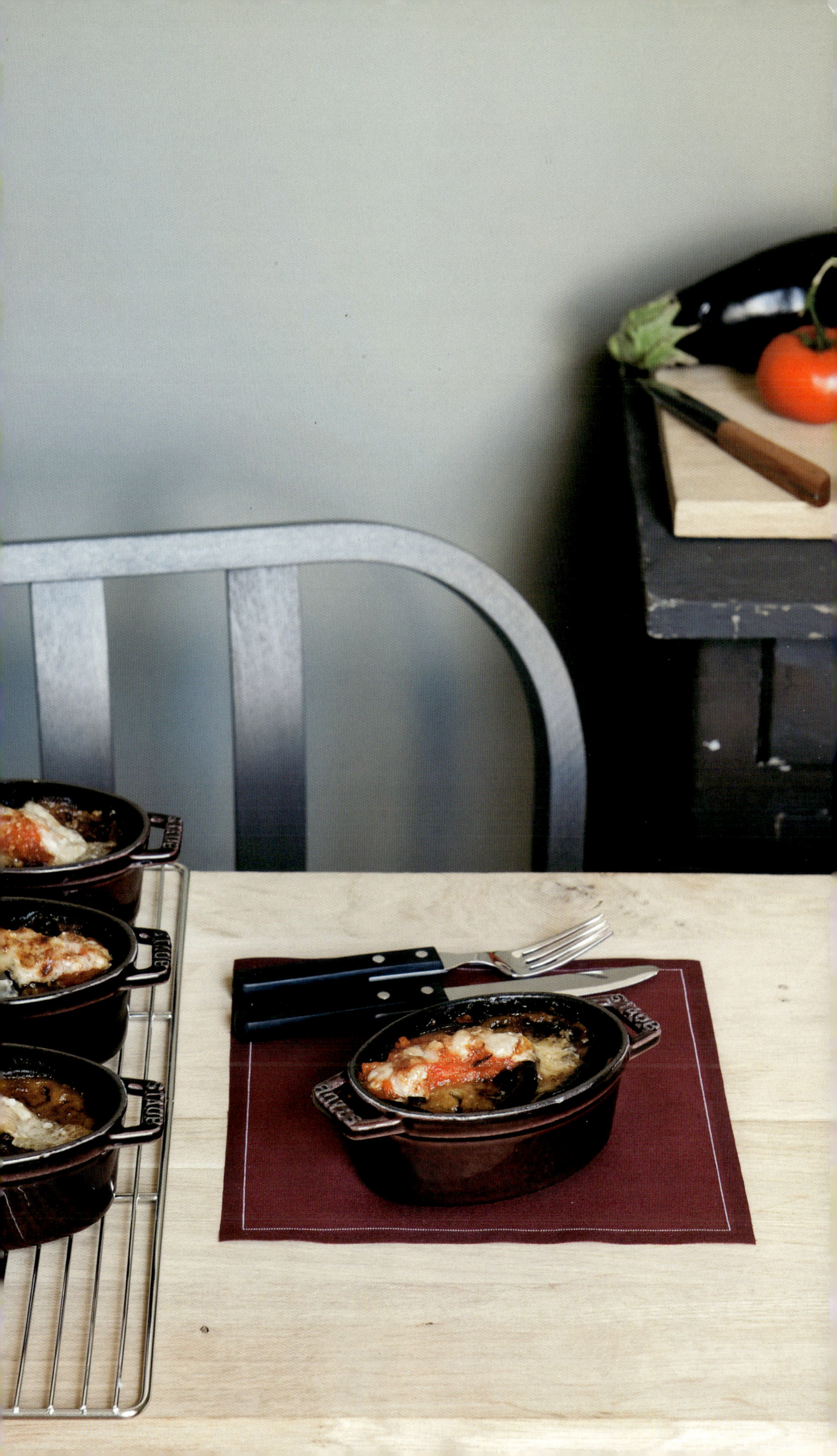

„Arme Ritter" im Minitopf mit Camembert und Preiselbeeren

FÜR 6–8 MINI-BRÄTER
Zubereitung: 15 Minuten
Garzeit: 15 Minuten

18–24 Scheiben süßes Hefebrot (aus Briocheteig)
2 Camemberts
Frisch gemahlener Pfeffer
500 ml Sahne
1 Glas Preiselbeergelee

Vorbereiten:

Die Briochescheiben so zurechtschneiden, dass sie in die Mini-Bräter hineinpassen.

Den Camembert in dünne Scheiben schneiden.

Fertigstellen:

Den Backofen auf 200 °C vorheizen.

In die Mini-Bräter zuerst eine passgenau zugeschnittene Scheibe Brioche legen, darauf eine Scheibe Camembert und diese mit etwas Pfeffer übermahlen. Nach dieser Methode die Schmortöpfchen bis zur Hälfte füllen. Den Inhalt gut zusammendrücken und mit 1 oder 2 Scheiben Camembert bedecken. Mit Sahne übergießen und etwa 15 Minuten im Ofen backen.

Die Schmortöpfchen direkt aus dem Ofen servieren. Dazu Preiselbeergelee und einen grünen Blattsalat reichen oder als Schmortöpfchen-Duo „Käse & Obst" zusammen mit einem Feigen-Ziegenkäse-Tian mit Rosmarin (Rezept auf Seite 136) genießen.

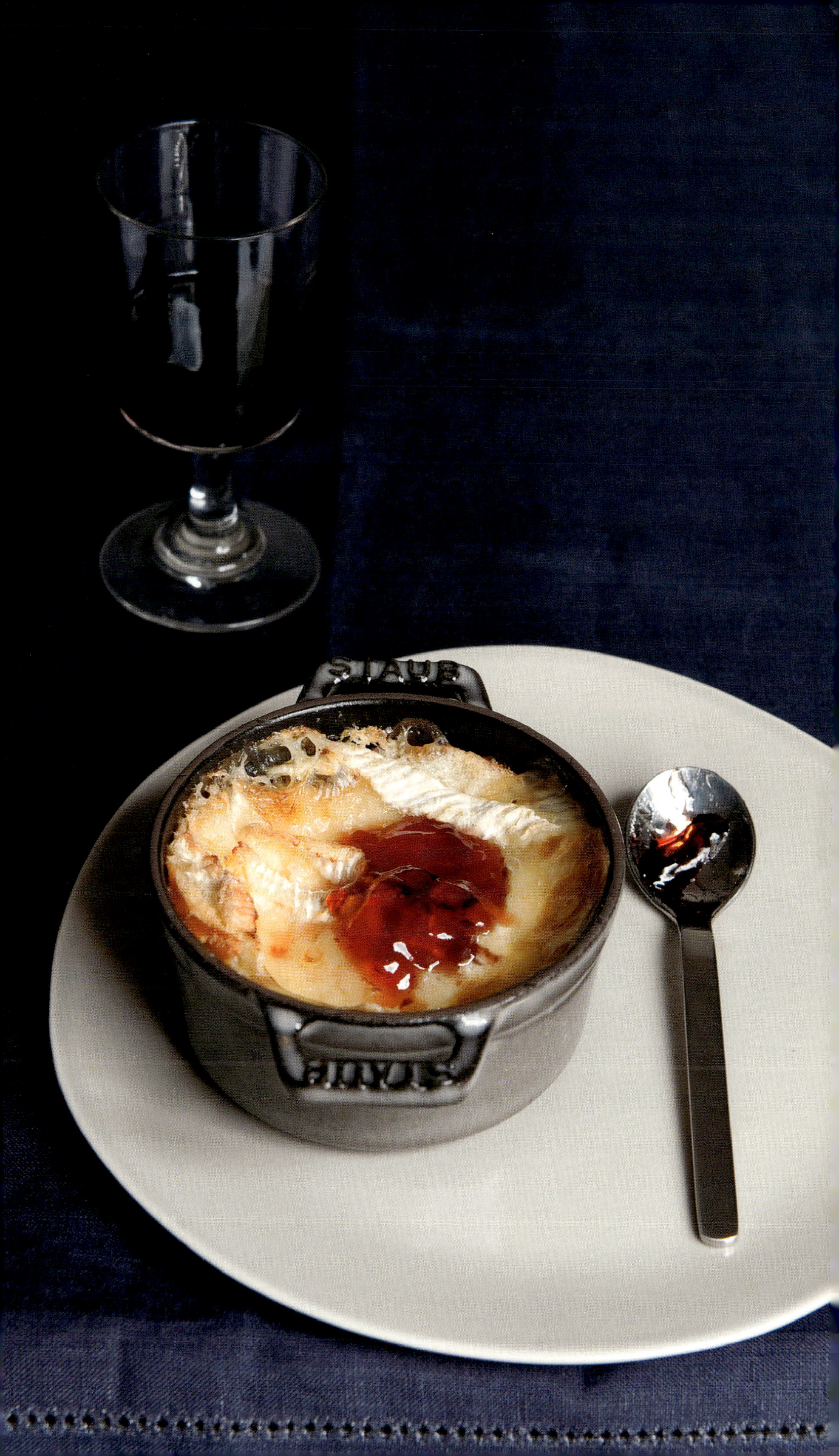
STAUB

Mangoldgratin mit Pinienkernen

FÜR 6 MINI-BRÄTER
Zubereitung: 30 Minuten
Garzeit: 40 Minuten

1 großes Bund Mangold
30 g Butter
30 g Mehl
600 ml Milch
2 Prisen Muskatnuss
75 g Parmesan oder Gruyère (Greyerzer), frisch gerieben
50 g Pinienkerne
Salz und frisch gemahlener Pfeffer

Vorbereiten:

Den Mangold waschen, die Blätter abtrennen und beiseitelegen. Die Stiele in kleine Würfel schneiden.

Die Blätter in einem Topf mit kochendem Salzwasser 1 Minute blanchieren, dann unter fließendem kaltem Wasser abschrecken. Die gewürfelten Stiele etwa 4 Minuten blanchieren, bis sie gar sind.

Getrennt voneinander abgießen, dabei die Blätter gut ausdrücken, um sie von überschüssigem Wasser zu befreien.

Eine relativ flüssige Béchamelsauce herstellen. Dazu die Butter in einer Kasserolle zerlassen, dann das Mehl einrieseln lassen und bei sanfter Hitze mit einem Holzspatel etwa 2 Minuten gründlich unterrühren.

Die Milch erhitzen und nach und nach unter ständigem Rühren zur hellen Mehlschwitze gießen. Mit Salz und Pfeffer würzen und 2–3 Minuten leise köcheln lassen. Die Muskatnuss und den geriebenen Käse unter die Béchamelsauce rühren. Warm stellen.

Fertigstellen:

Den Backofen auf 180 °C vorheizen.

Die Mangoldblätter grob hacken.

Die gewürfelten Stiele und die gehackten Blätter mit der Béchamelsauce mischen und gleichmäßig auf die Mini-Bräter verteilen.

Mit Pinienkernen bestreuen und etwa 20 Minuten im Ofen backen, bis die Oberfläche eine appetitlich goldbraune Färbung angenommen hat.

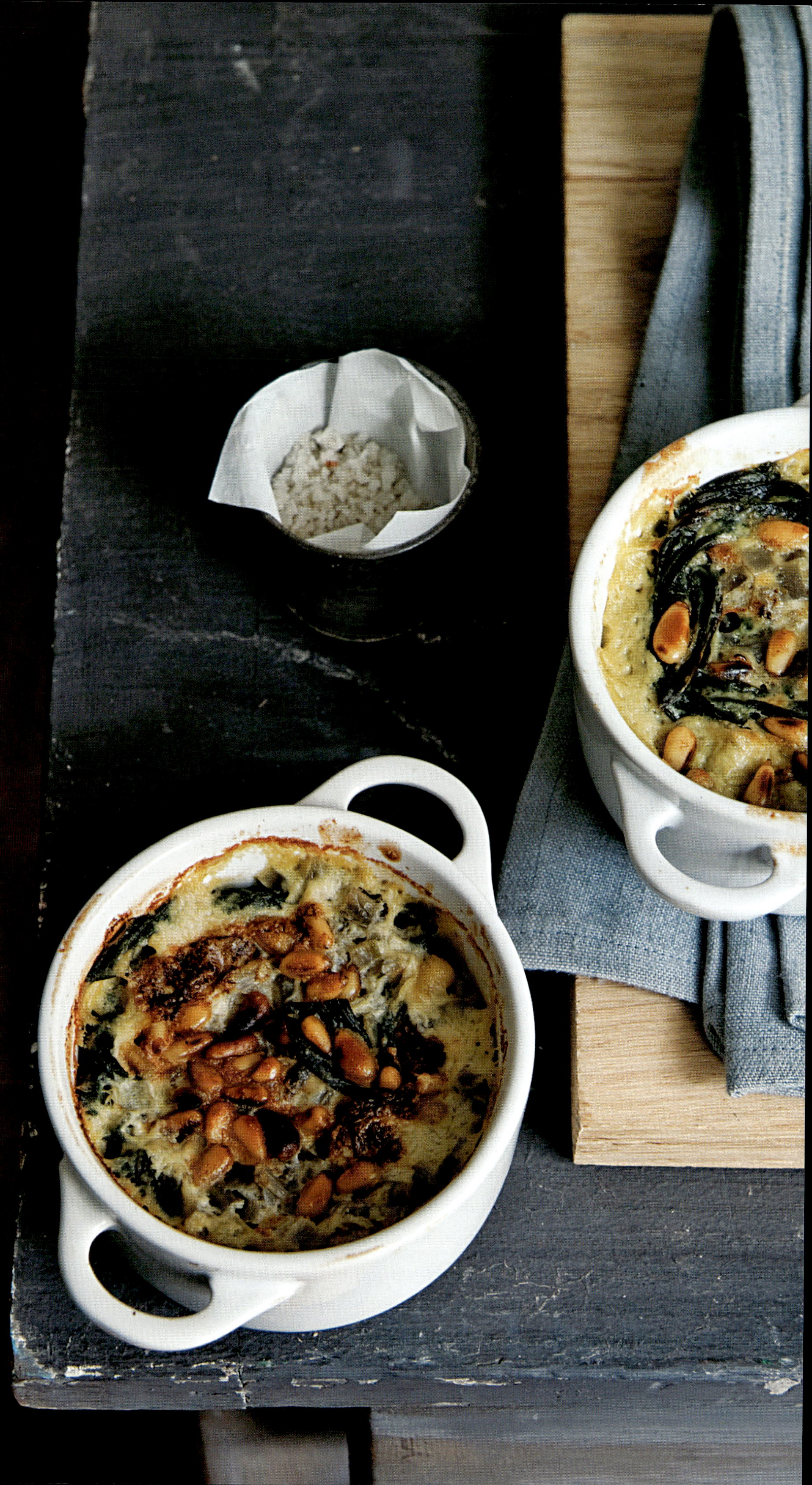

Sardinen-Piquillos-Tian

FÜR 6–8 MINI-BRÄTER
Zubereitung: 20 Minuten
Garzeit: 35 Minuten

4 Zwiebeln
2 Knoblauchzehen
50 ml Olivenöl
100 ml Weißwein
1 Zweig Thymian
80 g schwarze Oliven ohne Stein
1 kg frische Sardinenfilets
500 g Piquillos aus dem Glas oder der Dose
    (über Buchenholz geräucherte und geschälte rote spanische Paprikaschoten,
    mild und aromatisch – im gut sortierten Feinkosthandel zu finden)
Salz und Pfeffer

Vorbereiten:

Die Zwiebeln und den Knoblauch schälen. Die Zwiebeln hacken und den Knoblauch nach Entfernen des Keims mit der Handfläche zerdrücken.

Beides in einem Topf einige Minuten bei mittlerer Hitze im Olivenöl anbraten, dann den Weißwein, den Thymianzweig und die in Scheiben geschnittenen Oliven hinzufügen. Mit Salz und Pfeffer würzen, dann etwa 15 Minuten bei mittlerer Hitze leise köcheln lassen.

Sobald die Zwiebeln weich sind, den Thymianzweig entfernen.

Fertigstellen:

Die Zwiebelmischung gleichmäßig auf die Mini-Bräter verteilen.

Darauf abwechselnd die Sardinenfilets und die Piquillos einschichten.

Die Tians etwa 15 Minuten im auf 210 °C vorgeheizten Backofen garen.

Sofort servieren – mit einem grünen Blattsalat oder als spanisches Schmortöpfchen-Duo à la Bodega, kombiniert mit dem Kabeljau-Chorizo-Töpfchen mit Paprikacoulis (Rezept auf Seite 150).

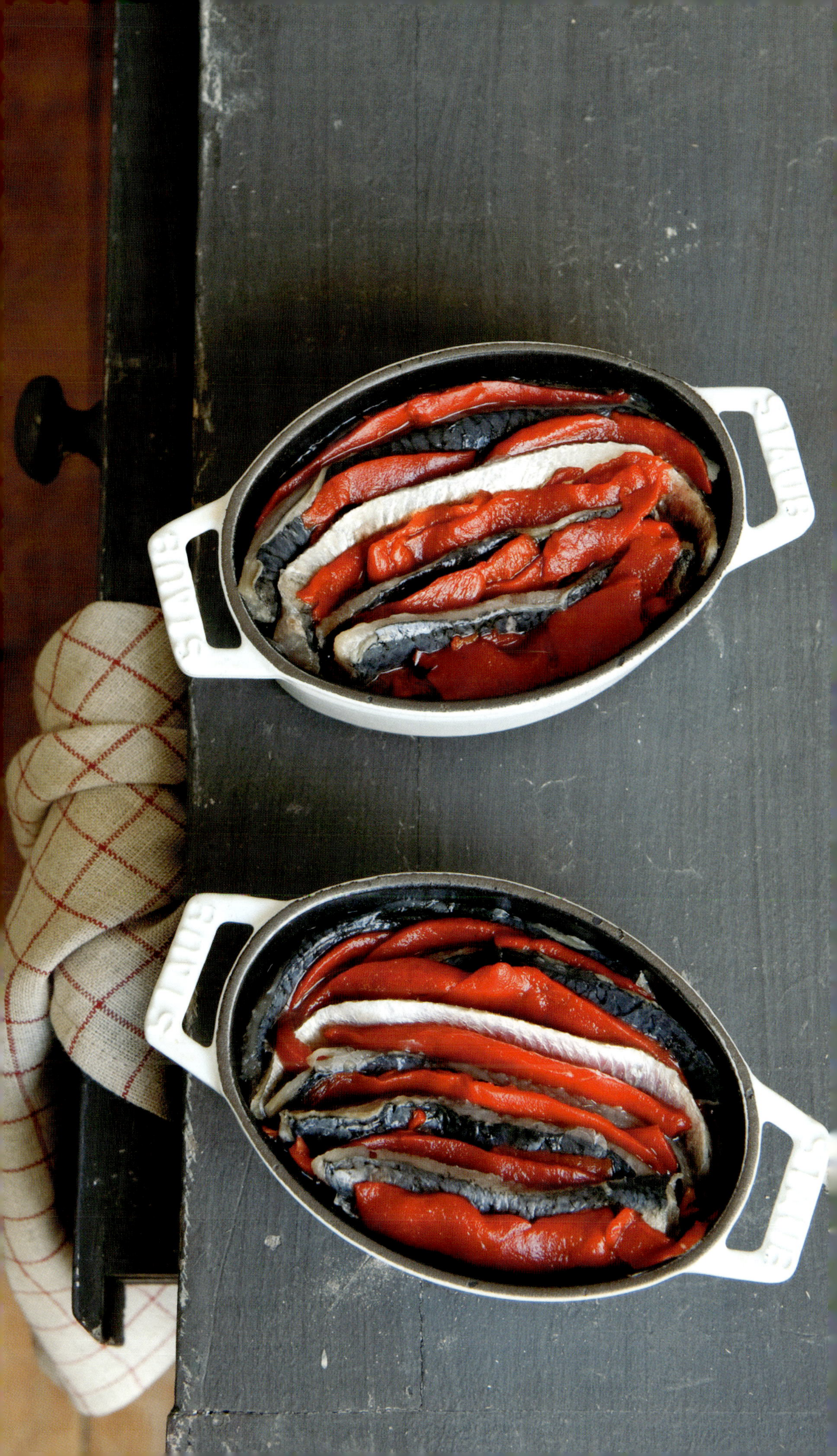

Makkaroni-Andouillette-Gratin

FÜR 6–8 MINI-BRÄTER
Zubereitung: 20 Minuten
Garzeit: 35 Minuten

300 g Makkaroni
3 EL Olivenöl
400 ml Sahne
1 EL körniger Senf
2 Eigelb
3–4 Andouillettes (französische gekochte, geräucherte
  Kuttelwürstchen, 10–15 cm lang)
100 g Gruyère (Greyerzer), gerieben
Salz und frisch gemahlener Pfeffer

Vorbereiten:

In einem großen Topf Salzwasser zum Kochen bringen und die Makkaroni al dente kochen.

Abgießen und abschrecken. Die Pasta mit dem Olivenöl vermischen und beiseitestellen.

In einer Kasserolle bei mittlerer Hitze die Sahne mit dem Senf, Salz und Pfeffer erwärmen und bei sanftem Köcheln reduzieren, bis die Sauce leicht eingedickt ist. Vom Herd nehmen und die Eigelbe unterziehen.

Mithilfe eines Messers den Darm der Andouillettes entfernen und die Würste in Stücke schneiden.

Fertigstellen:

Den Backofen auf 180 °C vorheizen.

Die Makkaroni mit der Wurst, der Senfsahne und dem geriebenen Käse vermischen. Gleichmäßig auf die Mini-Bräter verteilen und für etwa 15 Minuten zum Gratinieren in den Backofen schieben.

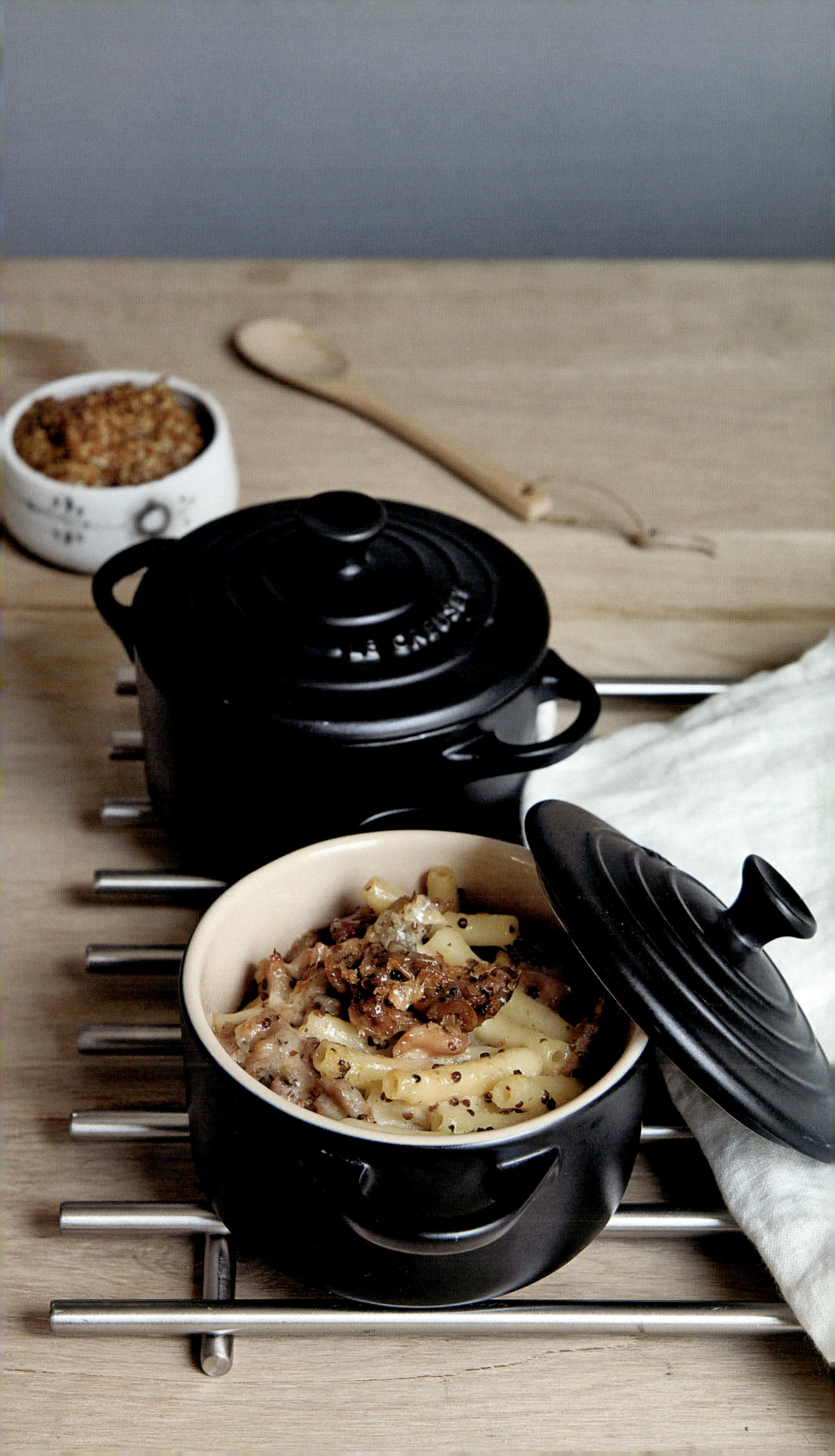

Garnelen-Spargel-Töpfchen mit Parmesan

FÜR 6–8 MINI-BRÄTER
Zubereitung: 35 Minuten
Garzeit: 15 Minuten

2 Bund grüner Spargel
16 Riesengarnelen
400 g Parmesan am Stück
400 ml Sahne
200 g Semmelbrösel
Salz und Pfeffer

Vorbereiten:

Die Spargel schälen und etwa 5 Minuten in leise köchelndem Wasser vorgaren: Sie sollten noch hart sein.

In der Zwischenzeit die Garnelen schälen, dabei jeweils den Kopf und das Schwanzsegment an den Garnelen belassen. Den Darm entfernen. Den Parmesan mithilfe eines Sparschälers zu groben Spänen verarbeiten.

Die Spargel behutsam aus dem Wasser heben, abschrecken und auf Küchenpapier abtropfen lassen.
Die Spargelstangen halbieren, die Spitzen beiseitelegen und die unteren Enden mit der Sahne und etwas Parmesan pürieren. Mit wenig Salz und Pfeffer würzen.

Fertigstellen:

Die Spargelcreme gleichmäßig auf die Mini-Bräter verteilen.

Den Backofen auf 180 °C vorheizen.

Die Garnelen und die Spargelspitzen in den Semmelbröseln wenden und mit den Spitzen bzw. Köpfen nach oben in den Schmortöpfchen anordnen. Großzügig mit Parmesan bedecken und 8 Minuten im Ofen überbacken.

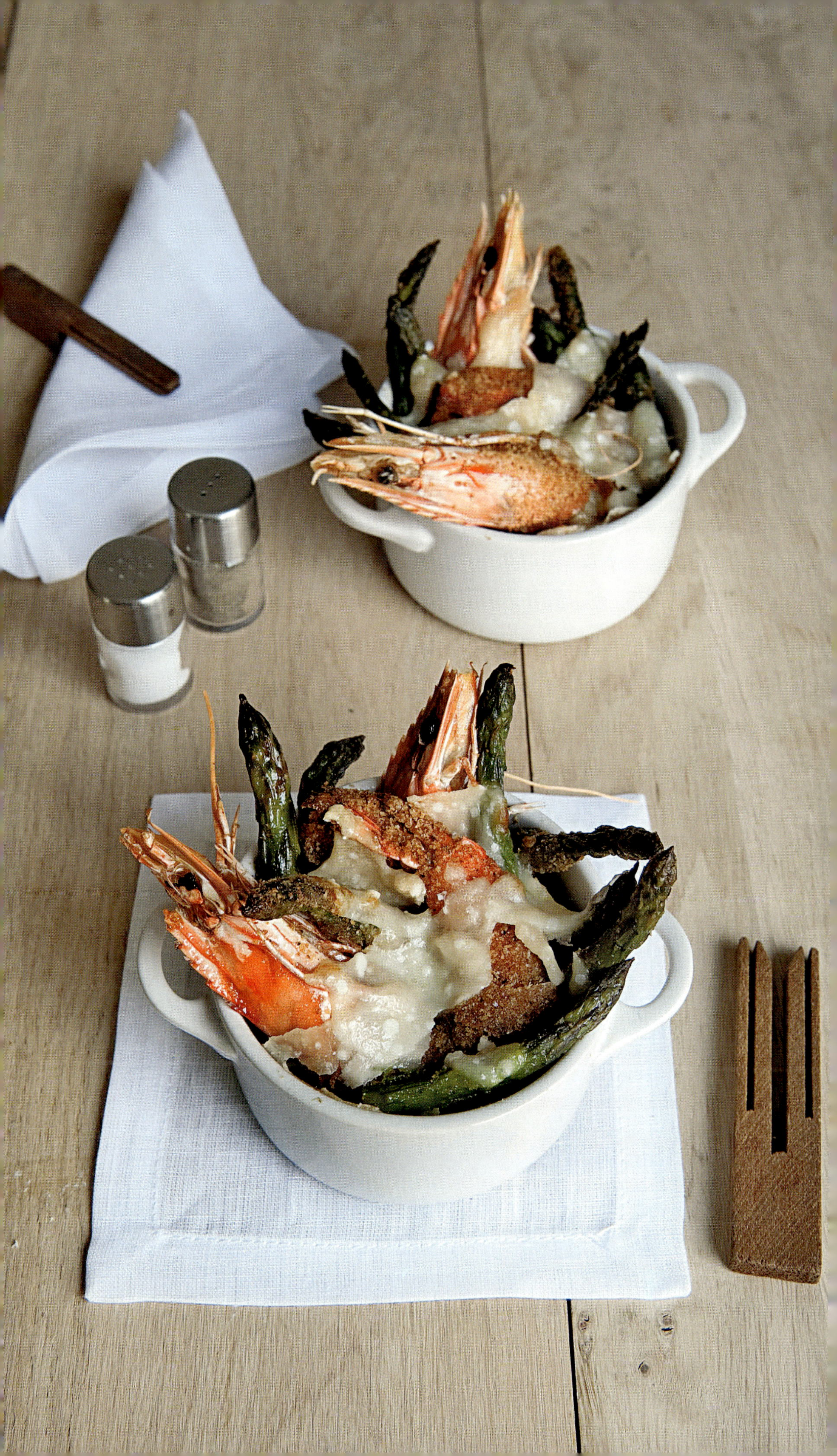

Mini-Kartoffelgratin mit Champignons und Spinat

FÜR 6–8 MINI-BRÄTER
Zubereitung: 30 Minuten
Garzeit: 35 Minuten

2 Knoblauchzehen
800 g Kartoffeln
200 g frischer Blattspinat
150 g Champignons

20 g Butter
600 ml Crème fraîche
2 Prisen Muskatnuss
Salz und Pfeffer

Vorbereiten:

Den Knoblauch und die Kartoffeln schälen. Die Spinatblätter von den Stielen zupfen und waschen. Die Kartoffeln ebenfalls waschen. Von den Champignons die Stiele abschneiden, die Pilze putzen und in feine Scheiben schneiden, dann die Kartoffeln in nicht zu dünne Scheiben schneiden.

Fertigstellen:

Die Mini-Schmortöpfchen mit Butter einpinseln.

Die Kartoffelscheiben abwechselnd mit den Champignonscheiben in die Mini-Schmortöpfe einschichten, bis diese zur Hälfte gefüllt sind.

Den Backofen auf 180 °C vorheizen.

In einer Rührschüssel die Crème fraîche mit dem Knoblauch, der Muskatnuss und dem Spinat vermischen. Mit Salz und Pfeffer würzen. Die Mischung auf die Schmortöpfchen verteilen und etwa 35 Minuten im Ofen backen.

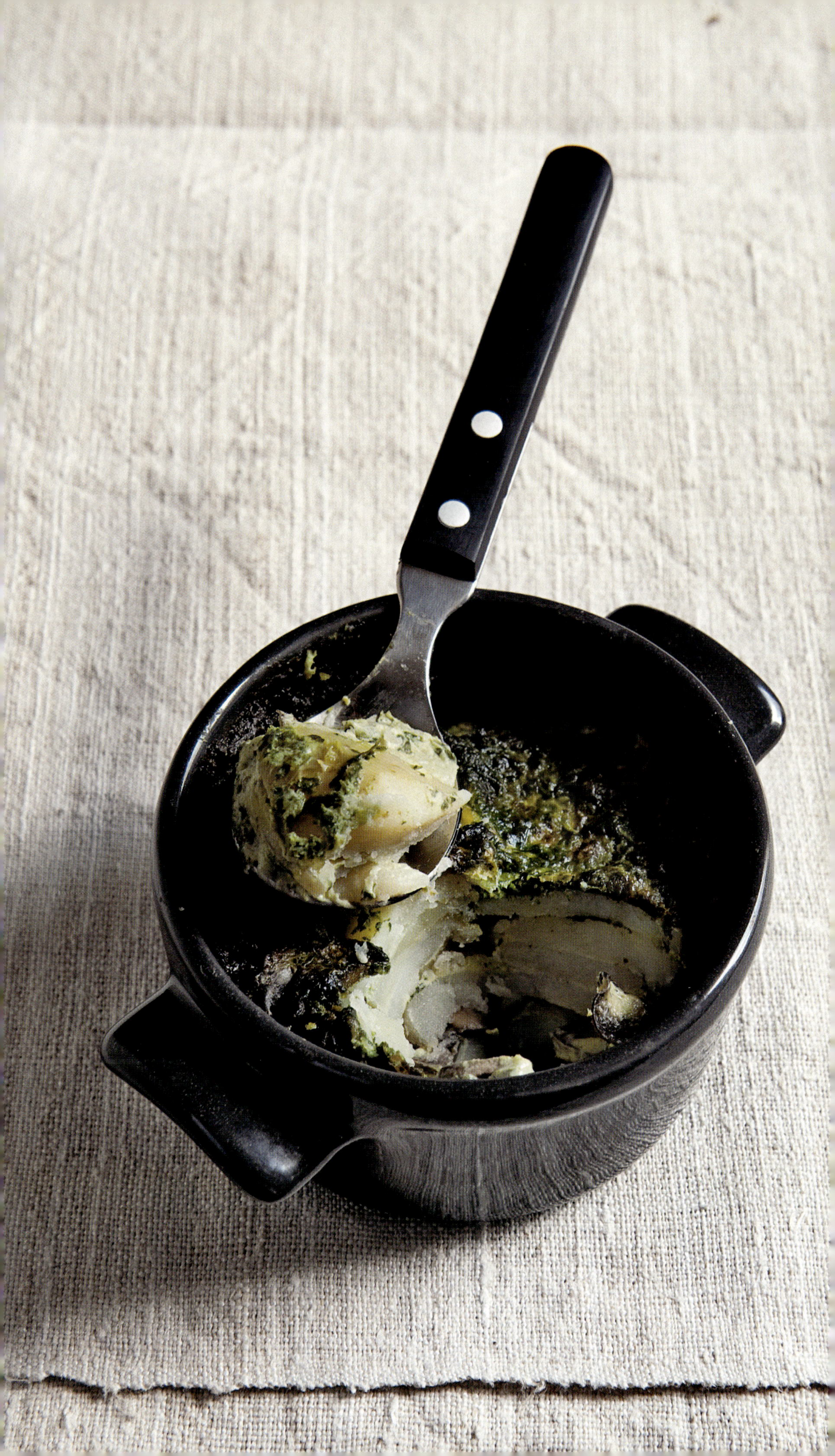

Kartoffel-Speck-Soufflé im Schmortöpfchen

FÜR 6–8 MINI-BRÄTER
Zubereitung: 35 Minuten
Garzeit: 45 Minuten
Kühlzeit: 8–10 Minuten

500 g Kartoffeln
80 g + 40 g weiche Butter
25 g Mehl
4 Eiweiß
12 dünne Scheiben geräucherter Schweinespeck (vom Bauch)
2 Prisen Muskatnuss
Salz und Pfeffer

Vorbereiten:

In einem Topf Wasser zum Kochen bringen, Salz zugeben und die Kartoffeln nach dem ersten Aufkochen 25–30 Minuten (je nach Größe) darin gar kochen.

Die Mini-Bräter großzügig mit Butter einpinseln, gleichmäßig mit Mehl bestäuben (überschüssiges Mehl durch Umdrehen der Töpfchen entfernen) und für einige Minuten in den Kühlschrank stellen. Die Eier aus dem Kühlschrank nehmen, um sie auf Raumtemperatur zu bringen.

Die Speckscheiben in feine Streifen schneiden (2 oder 3 Scheiben zum Garnieren beiseitelegen).

Die Kartoffeln abgießen, abschrecken und schälen. Die Kartoffeln mithilfe eines Rollholzes oder einer Kartoffelpresse zerdrücken, in eine Schüssel geben und 40 g zerlassene Butter einarbeiten.

Die Muskatnuss und die Speckstreifen untermischen und mit Salz und Pfeffer abschmecken.

Den Backofen auf 210 °C vorheizen.

Die Eiweiße mit 1 Prise Salz steif schlagen und mithilfe eines Küchenspatels behutsam unter das Kartoffel-Speck-Püree heben.

Fertigstellen:

Die Mini-Bräter bis zum Rand mit der Kartoffel-Speck-Masse füllen, die Masse mit dem Spatel glatt streichen.

15 Minuten im Ofen backen: Die Masse muss gut aufgehen und an der Oberfläche leicht bräunen.

Währenddessen die zurückbehaltenen Speckstreifen in einer Pfanne bei mäßiger Hitze knusprig braten. Das Soufflé damit garnieren und sofort zu Tisch bringen.

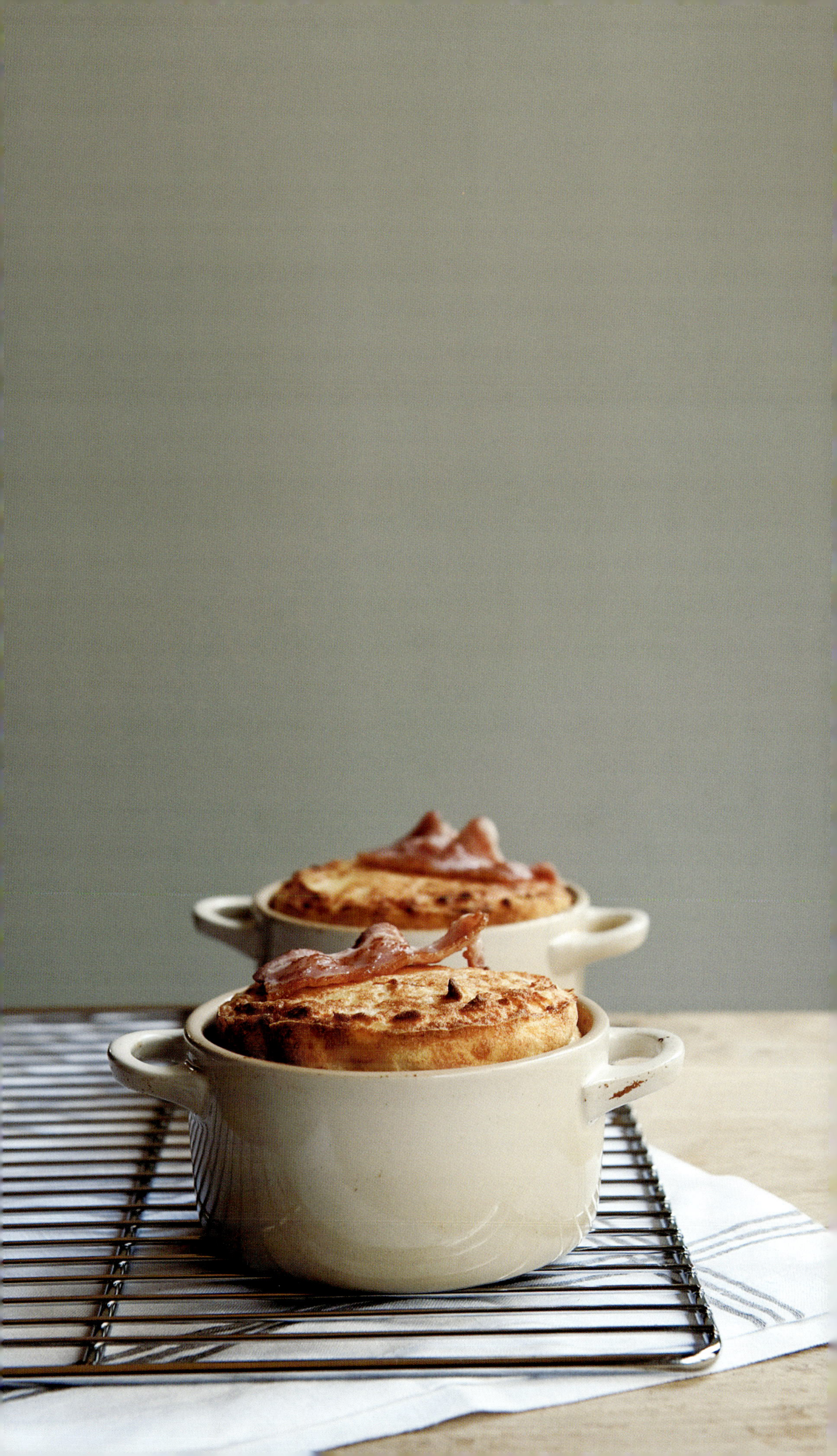

Geflügelsoufflé mit Estragon

FÜR 6–8 MINI-BRÄTER
Zubereitung: 40 Minuten
Garzeit: 30 Minuten
Kühlzeit: 8–10 Minuten

250 g Hähnchenbrustfilet
400 ml Geflügelbouillon (Fond aus dem Glas oder aus 1 Brühwürfel hergestellt)
1 kleines Bund Estragon
50 g Butter + 40 g für die Schmortöpfchen
50 g Mehl + 25 g für die Schmortöpfchen
½ l Milch
50 g Gruyère (Greyerzer) oder Parmesan, frisch gerieben
4 Eier
Salz und Pfeffer

Vorbereiten:

Die Geflügelbouillon in einem Topf zum Kochen bringen und das Hähnchenbrustfilet darin garen, bis es innen nicht mehr rosa ist.

Nach dem Garen zusammen mit den Estragonblättchen durch den Fleischwolf (feine Lochscheibe) drehen. Kalt stellen.

Eine Béchamelsauce zubereiten. Dazu in einer Kasserolle 50 g Butter zerlassen, 50 g Mehl einrieseln lassen und bei milder Hitze mithilfe eines Holzspatels etwa 2 Minuten gründlich verrühren.

Die Milch erhitzen und nach und nach unter ständigem Rühren zur Mehlschwitze gießen. Mit Salz und Pfeffer würzen und 2–3 Minuten sanft köcheln lassen.

Vom Herd nehmen, das Hähnchenhackfleisch und den Gruyère unter die Béchamelsauce ziehen und zum Schluss die Eigelbe untermischen (die Eiweiße aufbewahren).

Fertigstellen:

Den Backofen auf 210 °C vorheizen.

Die Mini-Bräter großzügig mit Butter einpinseln, gleichmäßig mit Mehl bestäuben (überschüssiges Mehl durch Umdrehen der Töpfchen entfernen) und für einige Minuten in den Kühlschrank stellen.

Die Eiweiße mit dem Schneebesen oder dem elektrischen Handrührer sehr steif schlagen.

Den Eischnee mithilfe eines Silikonspatels behutsam unter die Hähnchenmasse heben.

Die Mini-Bräter bis zum Rand mit der Soufflémasse füllen, die Masse mit dem Spatel glätten und mit dem Daumen und dem Zeigefinger die Ränder säubern, damit die Soufflés gut aufgehen.

12–15 Minuten im Ofen backen und sofort servieren.

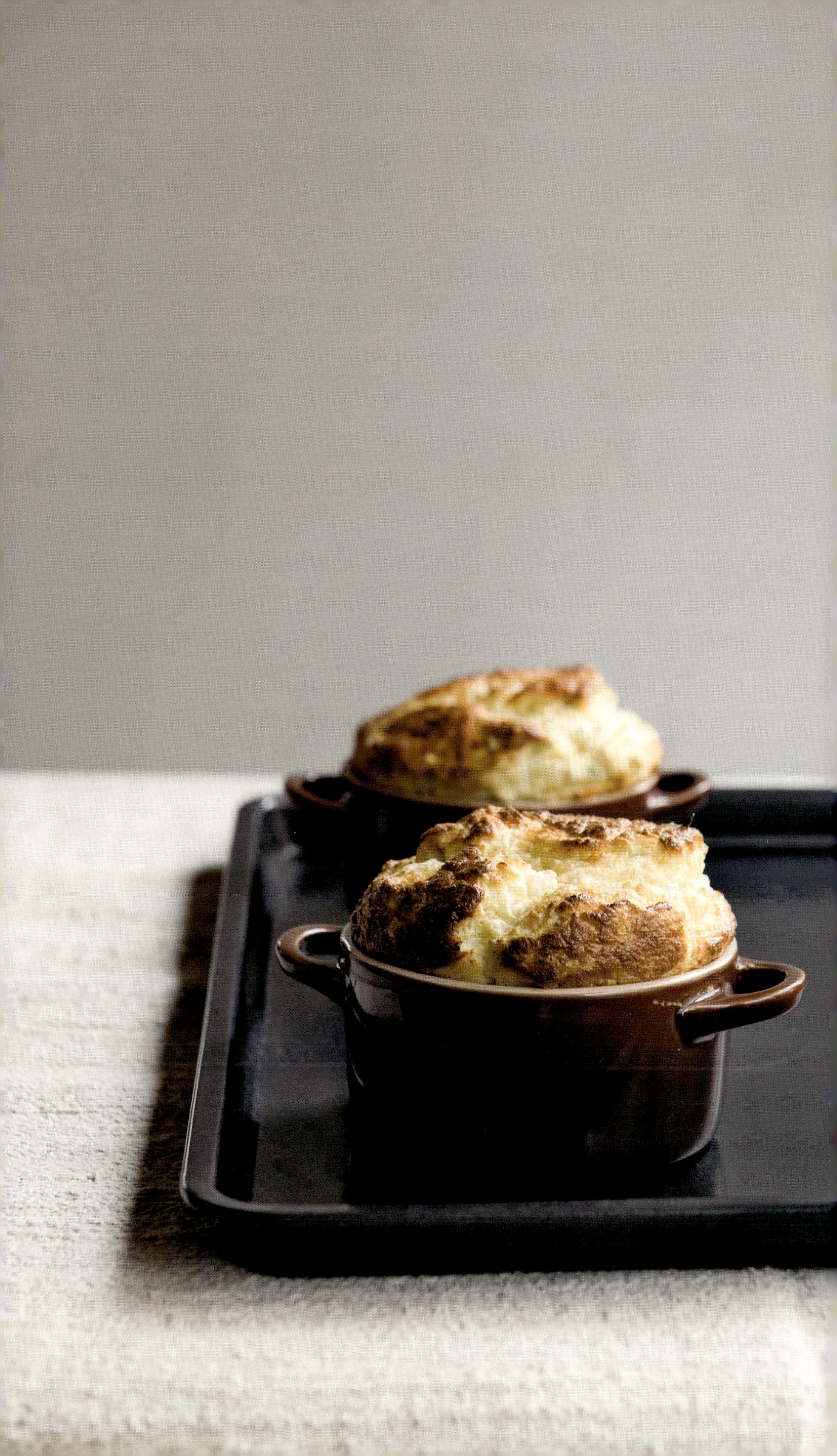

Gänselebersoufflé

FÜR 6–8 MINI-BRÄTER
Zubereitung: 35 Minuten
Garzeit: 25 Minuten
Kühlzeit: 8–10 Minuten

5 Eier
300 ml Milch
40 g Butter + 40 g für die Mini-Bräter
50 g Mehl + 25 g für die Mini-Bräter
180 g Foie gras *mi-cuit* (Gänsestopfleber „halb gegart")
3 Prisen Quatre-épices (Gewürzmischung aus Pfeffer, Muskat, Nelke und Zimt)
Salz und Pfeffer

Vorbereiten:

Zuerst eine Béchamelsauce zubereiten. Dazu 40 g Butter in einer Kasserolle zerlassen, 50 g Mehl einrieseln lassen und mit einem Holzspatel bei milder Hitze etwa 2 Minuten gründlich verrühren.

Die Milch erhitzen und nach und nach unter ständigem Rühren zur Mehlschwitze gießen. Die Gewürzmischung Quatre-épices hinzufügen und 2–3 Minuten sanft köcheln lassen, dann vom Herd nehmen.

Die Gänsestopfleber klein schneiden oder, besser noch, durch ein feines Sieb streichen, die Eigelbe unterrühren (die Eiweiße aufbewahren) und mit der Béchamelsauce verrühren.

Fertigstellen:

Den Backofen auf 210 °C vorheizen.

Die Mini-Bräter großzügig mit Butter einpinseln, gleichmäßig mit Mehl bestäuben (überschüssiges Mehl durch Umdrehen der Töpfchen entfernen) und für einige Minuten in den Kühlschrank stellen.

Die Eiweiße mit dem Schneebesen oder dem elektrischen Handrührer sehr steif schlagen.

Den Eischnee mithilfe eines Silikonspatels behutsam unter die Gänsestopflebermasse heben.

Die Mini-Bräter bis zum Rand mit der Soufflémasse füllen, mit dem Spatel glätten und mit dem Daumen und dem Zeigefinger die Ränder säubern, damit die Soufflés gut aufgehen.

12–15 Minuten im Ofen backen und sofort servieren.

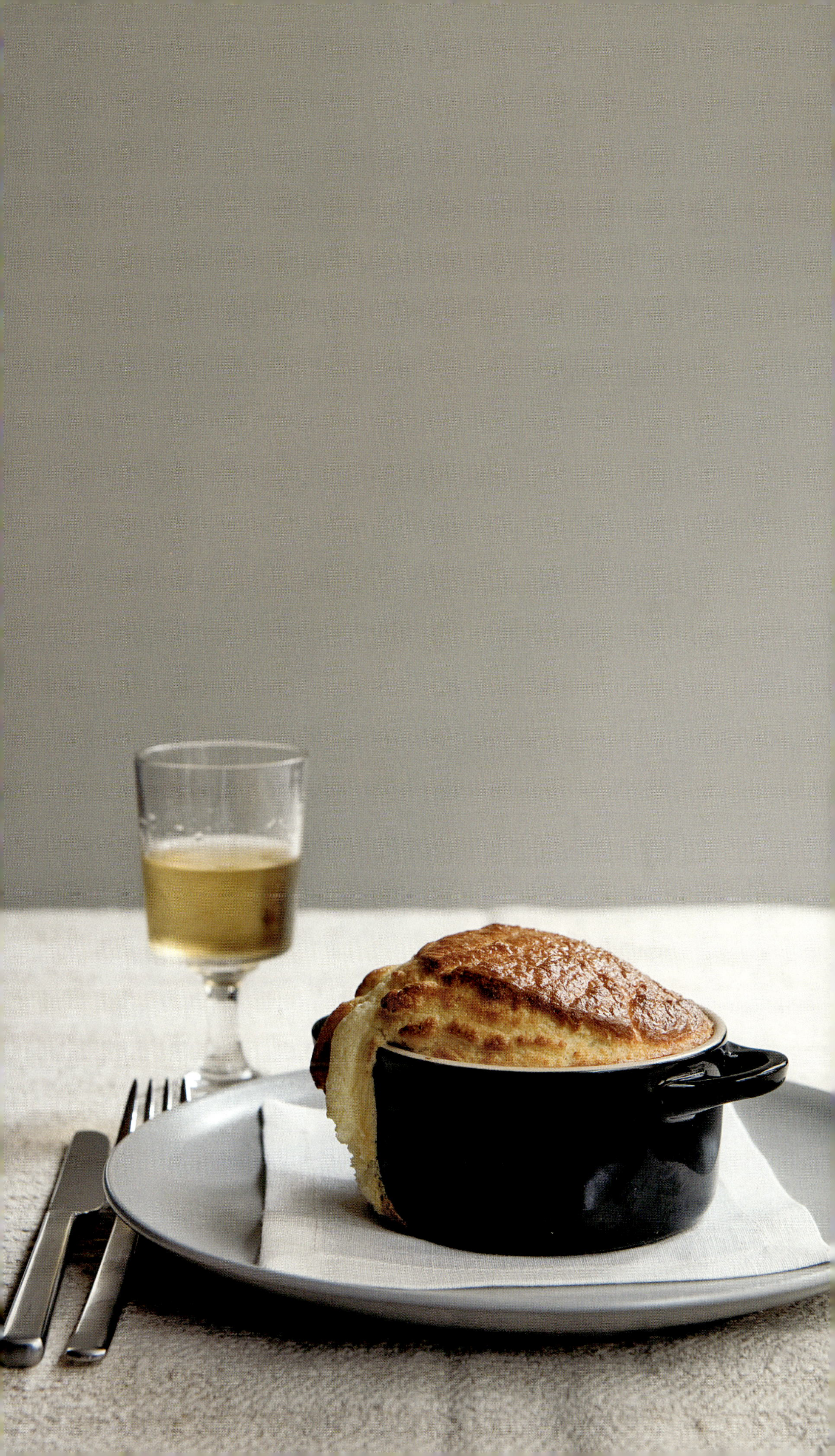

PERFEKT KOMBINIERT – IM DUO SERVIERT

Plateaux Cocottes

Mein vegetarisches Schmortöpfchen-Duo

Gratinierte Polenta mit Tomatensauce
+ Gemüse-Frittata (Rezept auf Seite 30)

FÜR 6–8 MINI-BRÄTER
Zubereitung: 40 Minuten
Garzeit: 1 Stunde und 40 Minuten

Für die Tomatensauce:
2 Zwiebeln
2 Knoblauchzehen
½ Stange Staudensellerie
50 ml Olivenöl
1 EL Tomatenmark
15 g extrafeiner Zucker
1 Lorbeerblatt
1 Zweig Thymian
800 g geschälte Tomaten
Salz und frisch gemahlener Pfeffer

Für die Polenta:
1 l Milch
20 g Salz
80 g Butter
100 ml Olivenöl
400 g Polenta
125 g Parmesan oder Gruyère (Greyerzer), frisch gerieben

Zubereiten der Tomatensauce:

Die Zwiebeln und die Knoblauchzehen schälen. Die Zwiebeln und den Staudensellerie hacken und den Knoblauch nach Entfernen des Keims mit der Handfläche zerdrücken.

Zwiebeln, Knoblauch und Staudensellerie in einem Topf einige Minuten bei mittlerer Hitze im Olivenöl anbraten, dann das Tomatenmark, den Zucker, das Lorbeerblatt und den Thymian hinzufügen.

Anschließend die geschälten Tomaten zugeben, mit Salz und Pfeffer würzen und bei mittlerer Hitze eine knappe Stunde sanft köcheln lassen.

Wenn die Tomatensauce fertig ist, den Thymian und das Lorbeerblatt herausnehmen.

Vorbereiten der Polenta:

In einer Kasserolle die Milch mit dem Salz, der Butter und dem Olivenöl bei mittlerer Hitze gerade eben zum Kochen bringen.

Vom Herd nehmen und die Polenta nach und nach einrieseln lassen, dabei kräftig mit einem Schneebesen unterschlagen.

Bei milder Hitze zurück auf den Herd stellen und unter unablässigem Rühren garen, bis die Polenta eindickt.

Fertigstellen:

Die Polenta sofort auf die Mini-Bräter verteilen, sodass diese zu zwei Dritteln gefüllt sind, und mit der Rückseite des Löffels glatt streichen.

Den Backofen auf 180 °C vorheizen. Die Polenta großzügig mit der Tomatensauce nappieren, mit dem geriebenen Parmesan oder Gruyère bestreuen und 15–20 Minuten im Ofen gratinieren, bis sich der Käse appetitlich goldbraun färbt.

Die Schmortöpfchen als Beilage zu einem mit Sauce geschmorten Geflügel- oder Fleischgericht servieren oder im vegetarischen Duo perfekt kombiniert mit einer Gemüse-Frittata (Rezept auf Seite 30). Dazu passt ein kleiner Kräutersalat, gemischt mit jungem Portulak.

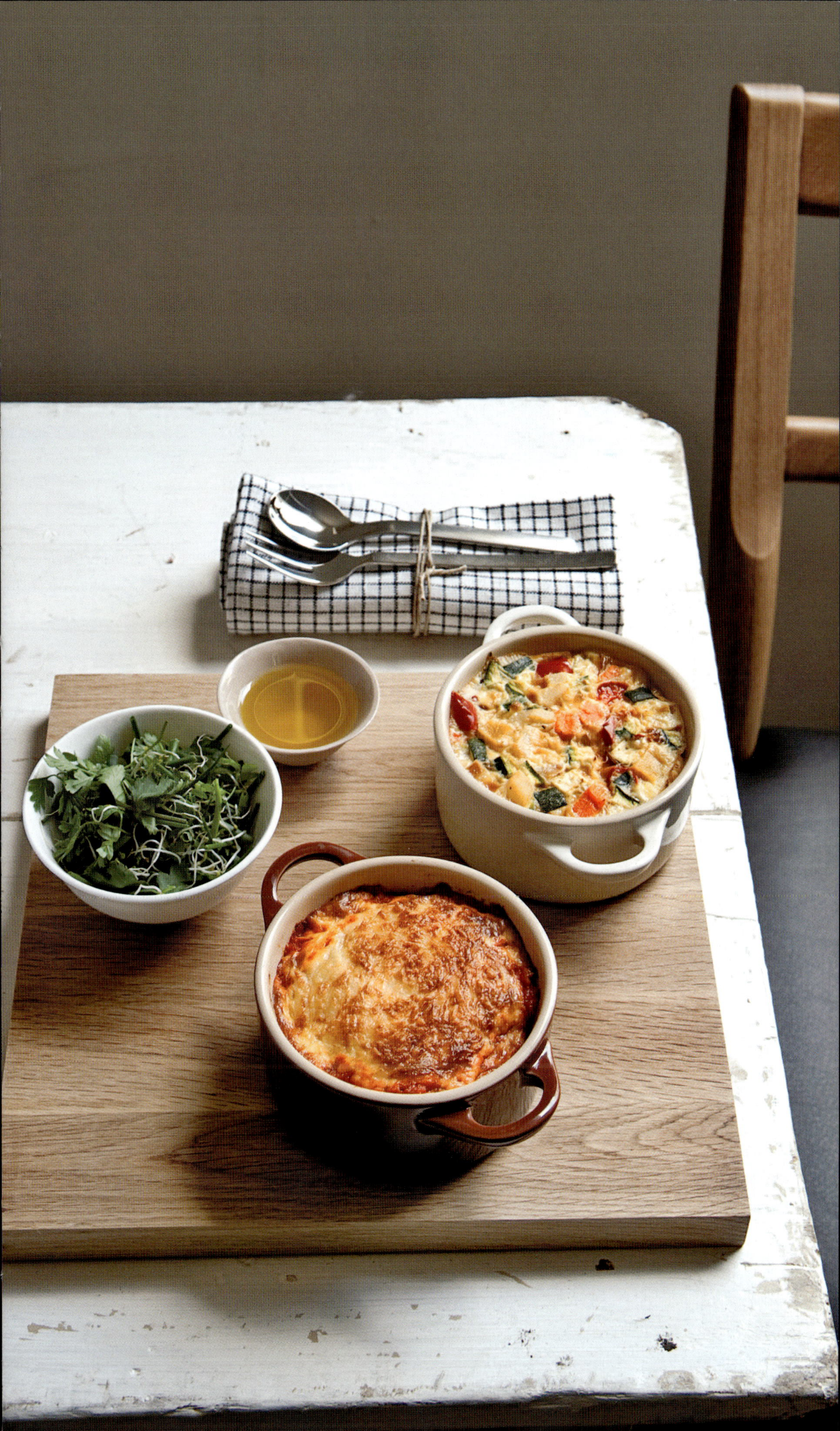

Mein Schmortöpfchen-Duo „Erde & Meer"

Schnecken-Kammmuschel-Crumble
+ Garnelen-Spargel-Töpfchen mit Parmesan (Rezept auf Seite 116)

FÜR 6–8 MINI-BRÄTER
Zubereitung: 25 Minuten
Garzeit: 15 Minuten

1 Bund glatte Petersilie
4 Knoblauchzehen
150 g weiche leicht gesalzene Butter
8 Scheiben Weißbrot
80 g Mandelblättchen
4 Dutzend Schnecken (aus der Dose)
300 g ausgelöste Kammmuscheln
400 ml Weißwein
Salz und Pfeffer

Vorbereiten:
Die Petersilie waschen und die Blättchen von den Stängeln zupfen.

Den Knoblauch schälen, vom Keim befreien und mit den Petersilienblättchen fein hacken. Zusammen mit der weichen Butter in eine kleine Schüssel geben, vermischen und bei Raumtemperatur beiseitestellen.

Das Weißbrot in kleine Würfel schneiden, mit den Mandelblättchen mischen und mit etwas Petersilienbutter 2–3 Minuten in einer Pfanne rösten; salzen und pfeffern.

Fertigstellen:
Den Backofen auf 200 °C vorheizen.

Die Schnecken und die Kammmuscheln gleichmäßig auf die Mini-Bräter verteilen, mit Salz und Pfeffer würzen, mit etwas Weißwein beträufeln und mit einem gut haselnussgroßen Stück Petersilienbutter belegen.

Mit den Mandelcroûtons bedecken und 8–10 Minuten im Ofen backen.

Die Schnecken-Muschel-Töpfchen sofort servieren – vielleicht als Duo „Erde & Meer", wie ich es Ihnen hier empfehle, kombiniert mit einem Garnelen-Spargel-Töpfchen mit Parmesan (Rezept auf Seite 116)

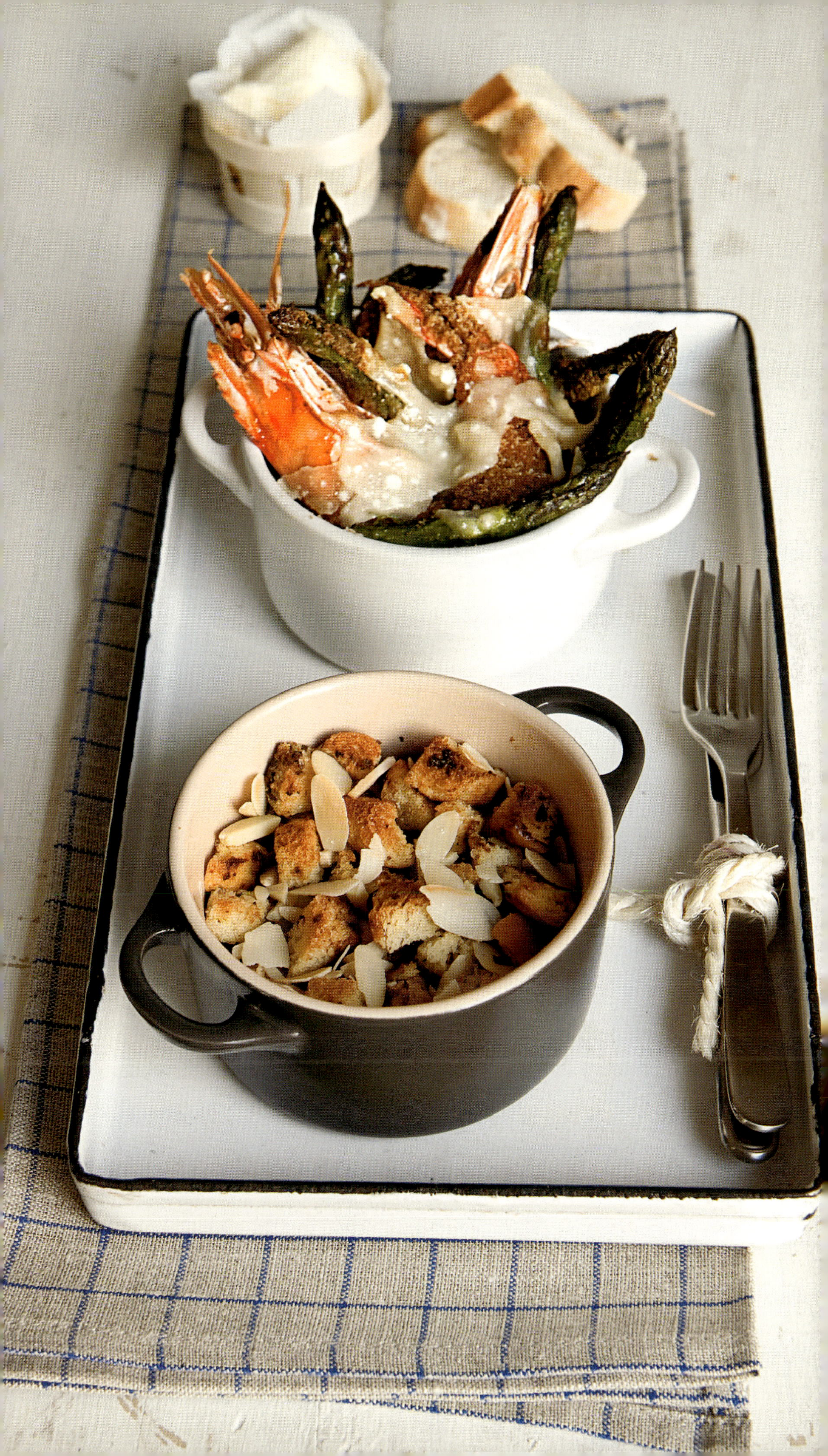

Mein exotisches Schmortöpfchen-Duo

Avocado-Thunfisch-Clafoutis
+ Ananas-Kokos-Flan (Rezept auf Seite 168)

FÜR 6 – 8 MINI-BRÄTER
Zubereitung: 20 Minuten
Garzeit: 30 Minuten

600 g Thunfisch
3 große Avocados
500 ml Milch
500 ml Sahne
5 Eier
2 Eigelb
100 g Speisestärke (Maisstärke)
3 Prisen Currypulver
1 TL Salz
2 Prisen frisch gemahlener Pfeffer
60 g Sesamsamen

Vorbereiten:
Den Thunfisch in etwa 3 cm große Würfel schneiden und kalt stellen.

Die Avocados längs halbieren, die Kerne entfernen und das Fruchtfleisch mit einem Esslöffel vollständig auslösen. Das Fruchtfleisch in Würfel schneiden, die Hälfte davon beiseitelegen.

Die andere Hälfte zusammen mit der Milch, der Sahne, den Eiern, der Speisestärke, dem Currypulver, dem Salz und dem Pfeffer pürieren. Nach Bedarf mit Salz und Pfeffer abschmecken.

Fertigstellen:
Den Backofen auf 170 °C vorheizen.

Die Avocadowürfel gleichmäßig auf die Mini-Bräter verteilen und mit der Sahne-Eier-Mischung übergießen, dann vorsichtig die Thunfischwürfel hineinsetzen.

Mit den Sesamsamen bestreuen und etwa 30 Minuten im Ofen backen.

Die Clafoutis-Töpfchen sofort servieren. Als Beilage eignet sich Basmatireis und als Ergänzung zum exotischen Schmortöpfchen-Duo empfehle ich einen Ananas-Kokos-Flan (Rezept auf Seite 168).

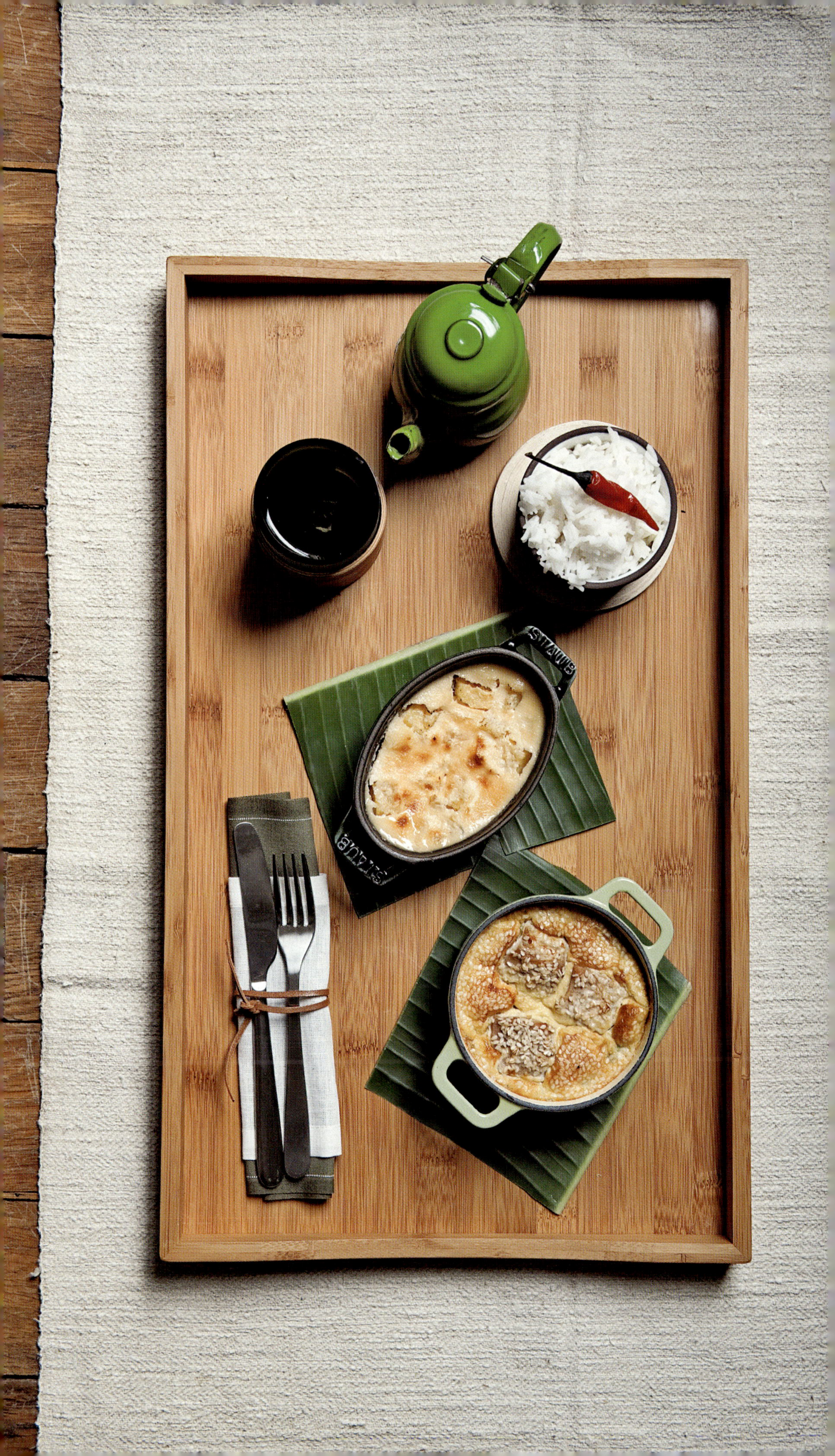

Mein Schmortöpfchen-Duo mit Brötchen zum Brunch

Brötchen aus dem Mini-Bräter
+ Pochierte Eier mit Bacon im Schmortöpfchen (Rezept auf Seite 38)
+ Orangen-Sabayon mit Zimt (Rezept auf Seite 178)

FÜR 8 – 10 MINI-BRÄTER
Zubereitung: 40 Minuten
Ruhezeit: 1½ – 2½ Stunden
Garzeit: 15 – 20 Minuten

625 g Weizenmehl
125 g Roggenmehl oder Kastanienmehl
   (erhältlich im Bioladen)
15 g Salz
25 g Frischhefe
250 ml helles Bier
250 ml Wasser
1 TL brauner Zucker
Öl mit neutralem Geschmack (zum Einfetten)

Vorbereiten:
Alle Zutaten in die Rührschüssel der Küchenmaschine geben und auf niedrigster Stufe vermischen, dann die Rührgeschwindigkeit erhöhen und etwa 10 Minuten kneten lassen.

Der Teig soll sich vom Rand der Rührschüssel lösen und zu einer homogenen Masse verbinden.

Die Teigkugel auf eine bemehlte Arbeitsfläche legen und halbieren. Beide Hälften mit der Handfläche flachdrücken und mit dem Rollholz zu einem Oval ausrollen. Das Oval von der Breitseite her eng aufrollen, sodass zwei kleine Baguettes entstehen.

Diese in kleine Teiglinge von etwa 80 g teilen. Die Teiglinge zunächst in der hohlen Hand, dann auf der Arbeitsfläche mit etwas Druck zu gleichmäßigen Kugeln ohne Lufteinschlüsse rollen („schleifen").

Fertigstellen:
Die Mini-Bräter mit etwas Öl einpinseln, dann in jeden eine Kugel Brotteig legen.

Die Deckel auflegen und den Teig in den Töpfchen mindestens 1 Stunde im Kühlschrank ruhen lassen.

Die Mini-Bräter aus dem Kühlschrank nehmen, die Deckel entfernen und die Brötchen 1–1½ Stunden bei Raumtemperatur oder 15–20 Minuten im auf 30 °C vorgeheizten und danach ausgeschalteten Backofen gehen lassen (ihr Volumen soll sich danach etwa verdoppelt haben).

Die Brötchen mithilfe eines feinen Siebs mit wenig Mehl bestäuben und danach 15 Minuten bei 220 °C backen, bis sie sich appetitlich goldbraun färben.

Aus dem Ofen nehmen und vor dem Servieren einige Minuten abkühlen lassen, dann zu Tisch bringen – entweder, wie hier vorgeschlagen, im Rahmen dieses Schmortöpfchen-Brunchs oder als Beilage zu anderen salzigen Gerichten im Mini-Schmortopf, nach Lust und Laune auch aromatisiert mit gehackten Oliven, Speckstreifen, Nüssen, getrockneten Tomaten, Oregano, ...

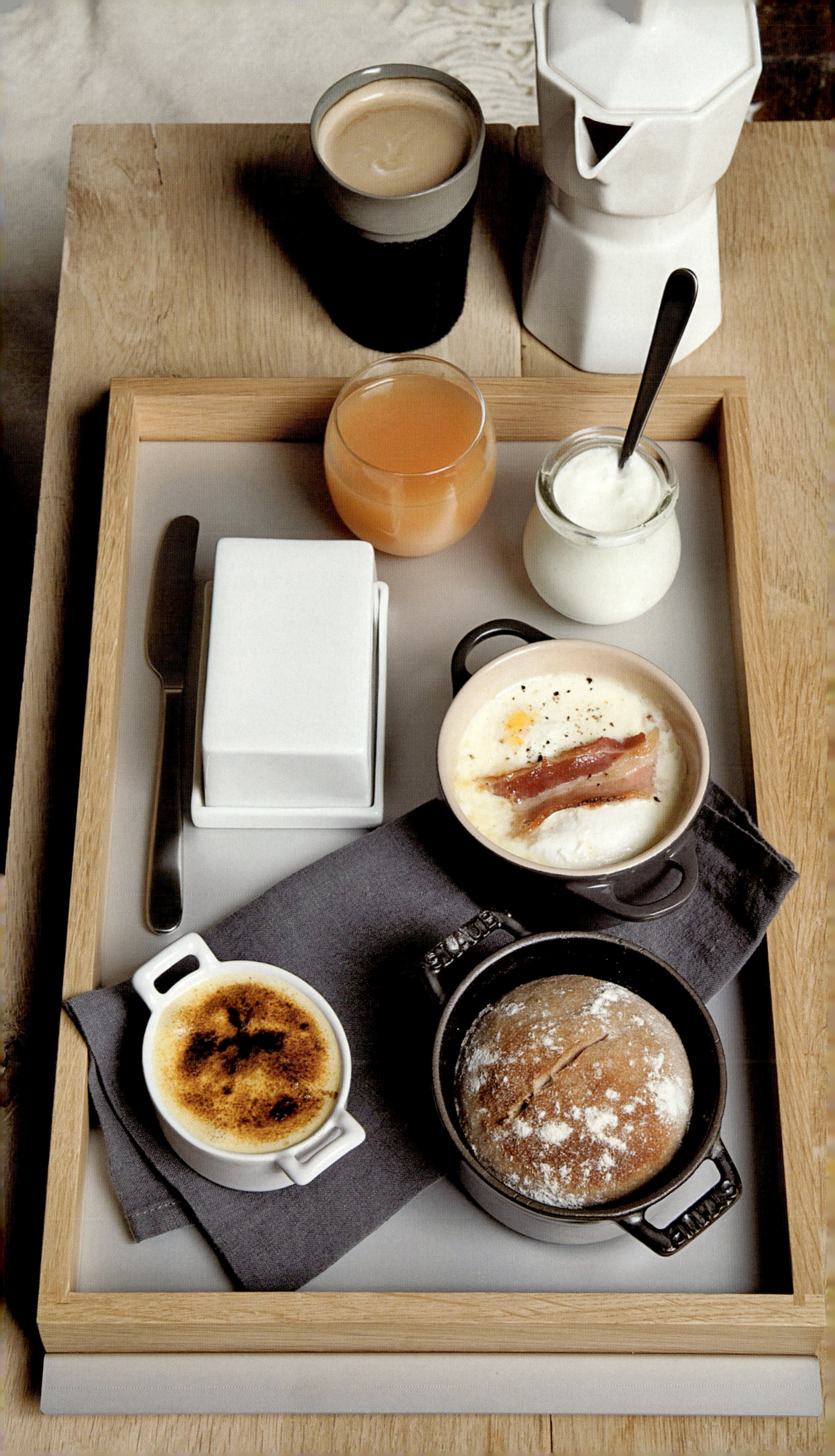
STAUB

Mein Schmortöpfchen-Duo „Käse & Obst"

Feigen-Ziegenkäse-Tian mit Rosmarin
+ „Arme Ritter" im Minitopf
mit Camembert und Preiselbeeren (Rezept auf Seite 108)

FÜR 6–8 MINI-BRÄTER
Zubereitung: 15 Minuten
Garzeit: 15 Minuten

400 g frische oder getrocknete Feigen
6 Taler junger Ziegenkäse (beispielsweise Crottins de Chavignol)
2 Zweige Rosmarin
100 ml Olivenöl
100 g Honig
Frisch gemahlener Pfeffer

Vorbereiten:

Die Feigen und die Ziegenkäsetaler in Scheiben schneiden.

Falls getrocknete Feigen verwendet werden, diese zuvor mindestens 10 Minuten in kochendem Wasser einweichen.

Vom Rosmarin die Nadeln abzupfen.

Fertigstellen:

Den Backofen auf 200 °C vorheizen.

Die Feigen- und Ziegenkäsescheiben abwechselnd in die Mini-Bräter einschichten.

Mit Rosmarin bestreuen und mit etwas Olivenöl und Honig beträufeln.

Nach Belieben mit Pfeffer würzen und etwa 15 Minuten im Ofen backen.

Die Schmortöpfchen direkt aus dem Ofen servieren, mit einem grünen Blattsalat oder als Duo „Käse & Obst", kombiniert mit dem Gericht „Arme Ritter" im Minitopf mit Camembert und Preiselbeeren (Rezept auf Seite 108)

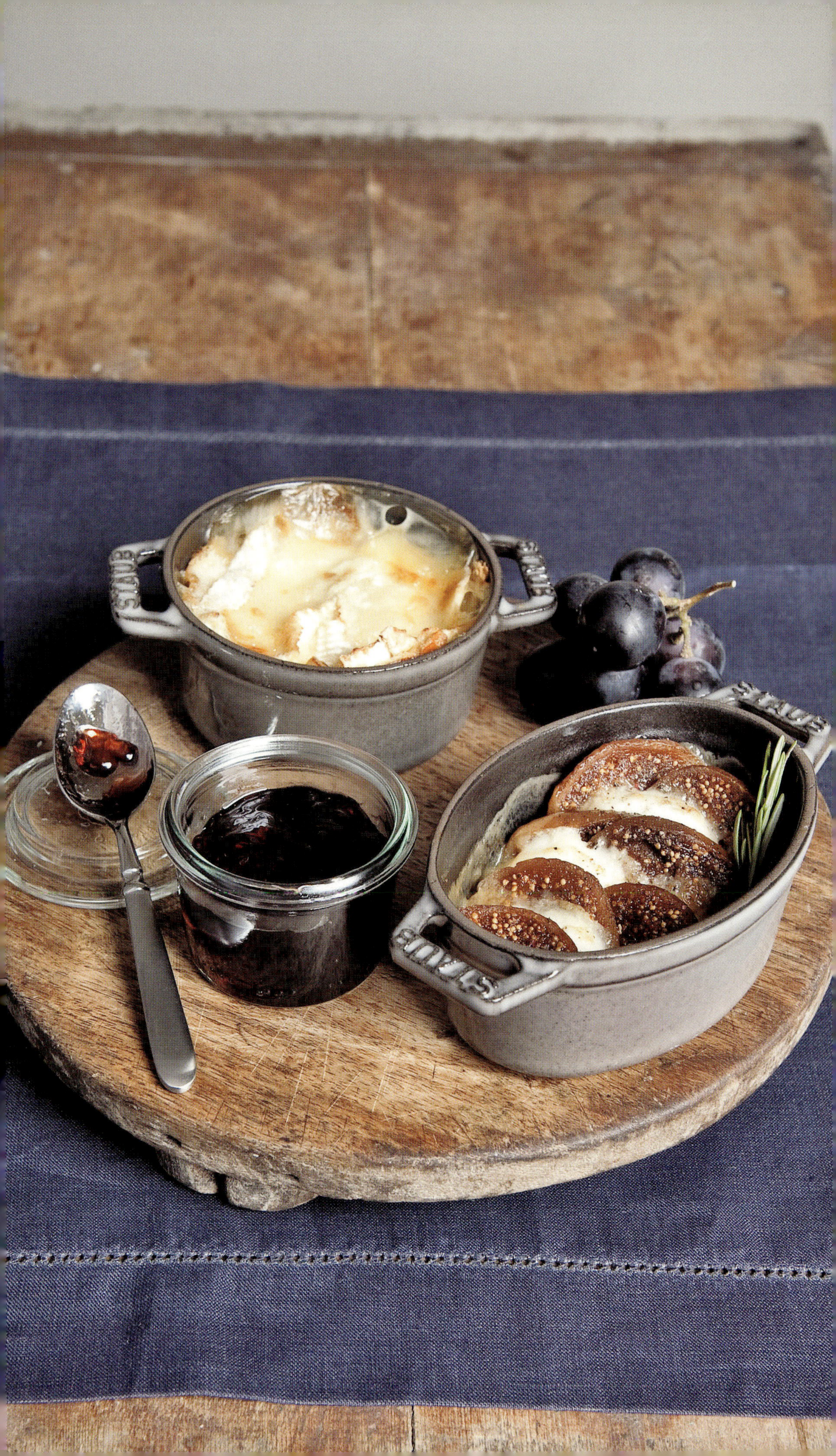

Mein Schmortöpfchen-Duo fürs Picknick

Bunte Linsentöpfchen mit Wurstscheiben
+ Karotten-Curry-Cocottes mit Honigkuchen (Rezept auf Seite 84)

FÜR 6–8 MINI-BRÄTER
Zubereitung: 30 Minuten
Garzeit: 50 Minuten

80 g rote Linsen (im Bio- oder Asialaden erhältlich)
80 g grüne Linsen
80 g braune Linsen
1 Zwiebel
750 ml Geflügelbouillon (Fond aus dem Glas oder aus 2 Brühwürfeln hergestellt)
1 Zweig Thymian
1 Lorbeerblatt
½ Saucisse de Morteau (kalt geräucherte französische Rohwurst aus grobem Schweinebrät, etwa 5 cm dick und 20 cm lang)
2 EL körniger Senf

Vorbereiten:

Die Linsen nach Sorten getrennt mit jeweils 500 ml kaltem Salzwasser bei mittlerer Hitze garen: Die roten Linsen 10 Minuten, die grünen und braunen Linsen 20 Minuten garen.

Währenddessen die Zwiebel schälen und hacken.

Die Geflügelbouillon mit der Zwiebel, dem Thymian, dem Lorbeerblatt und der halben Wurst zum Kochen bringen, dann die Temperatur senken und etwa 10 Minuten sanft köcheln lassen.

Die Linsen abgießen und abschrecken.

Den Backofen auf 200 °C vorheizen.

Die Wurst in halbe Scheiben schneiden, dann die Bouillon durch ein feines Sieb oder ein Spitzsieb abseihen und mit dem Senf verrühren.

Fertigstellen:

Die Linsen vermischen und gleichmäßig auf die Mini-Bräter verteilen, bis zur Hälfte mit der Bouillon aufgießen und die halbierten Wurstscheiben aufrecht hineinstecken.

Die Deckel auflegen und 20 Minuten im Backofen schmoren.

Sofort servieren – als warme oder kalte Vorspeise oder in Begleitung der Karotten-Curry-Cocottes mit Honigkuchen (Rezept auf Seite 84) im Rahmen dieses Schmortöpfchen-Duos fürs Picknick.

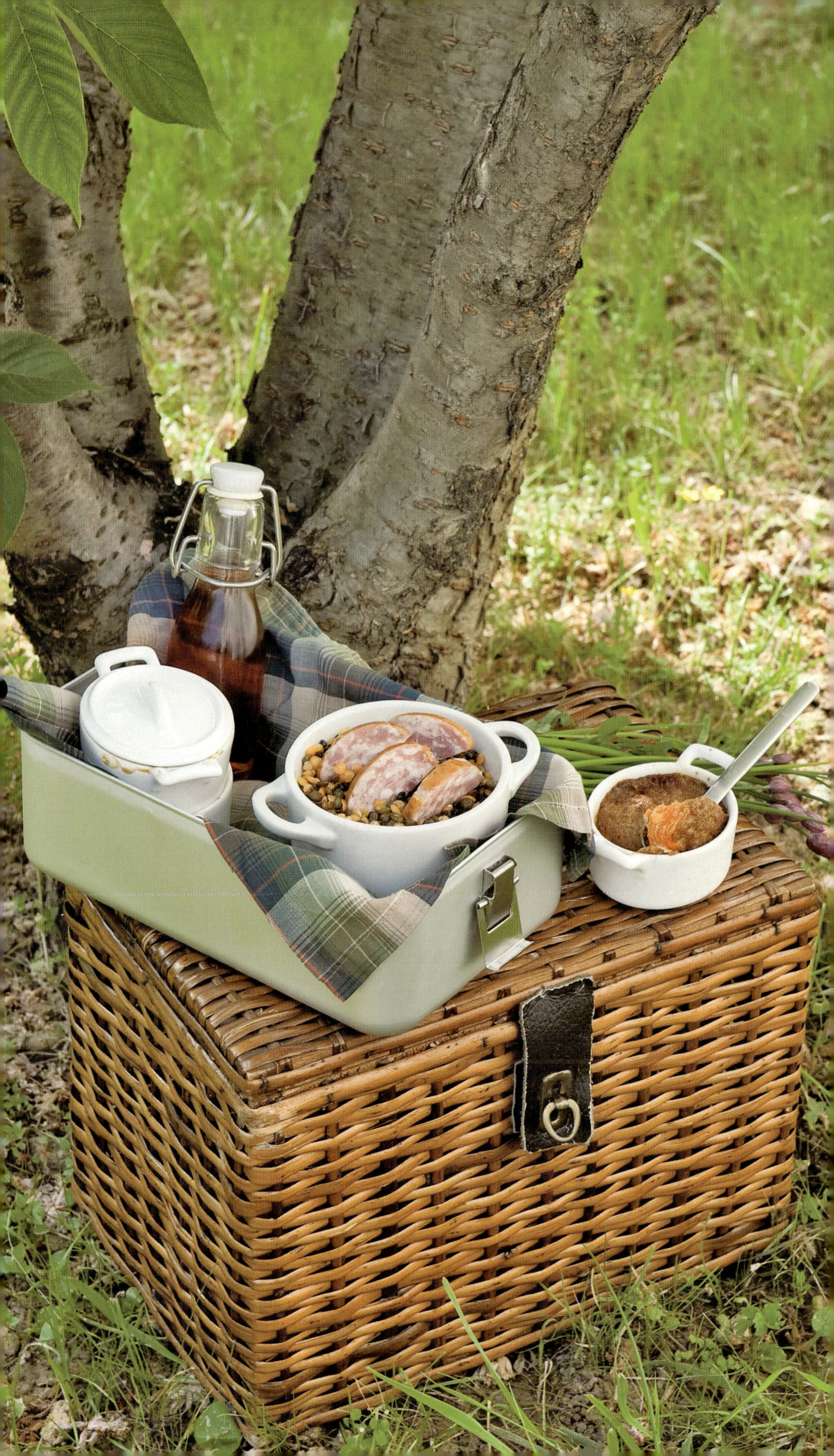

Mein ländlich-deftiges Schmortöpfchen-Duo

Mini-Lammterrine mit Mangold und Ziegenkäse
+ Neue Kartoffeln, Frühlingszwiebeln und Knoblauch im Minitopf (Rezept auf Seite 42)

FÜR 6–8 MINI-BRÄTER
Zubereitung: 35 Minuten
Garzeit: 45 Minuten

1 kg entbeinte Lammschulter oder Lammkeule
3 Knoblauchzehen
4 EL Olivenöl
2 Eier
1 knapper TL gemahlener Kardamom
1 knapper TL gemahlener Kreuzkümmel (Cumin)
2 Bund Mangold
4 Taler junger Ziegenkäse (beispielsweise Crottins de Chavignol)
Salz und frisch gemahlener Pfeffer

Zubereiten der Farce:
Das Lammfleisch in große Würfel schneiden. Den Knoblauch schälen und vom Keim befreien.

Beides durch die grobe Lochscheibe eines handbetriebenen oder elektrischen Fleischwolfs drehen (oder den Metzger darum bitten), mit Salz und Pfeffer würzen und gründlich mit dem Olivenöl, den Eiern und den Gewürzen verkneten.

Die Farce kalt stellen.

Vorbereiten von Mangold und Ziegenkäse:
Den Mangold in Blätter und Stiele trennen, die Stiele anderweitig verwenden.

In einem Topf kräftig gesalzenes Wasser zum Kochen bringen. Die Mangoldblätter 2 Minuten darin blanchieren, danach in Eiswasser abschrecken. Zum Abtropfen auf Küchenpapier legen und sorgfältig trocken tupfen.

Die Ziegenkäsetaler in etwa 1,5 cm dicke Scheiben schneiden.

Fertigstellen:
Die Mini-Bräter innen mit den Mangoldblättern auskleiden und diese an den Rändern überstehen lassen.

Eine Lage Farce hineingeben und gut andrücken. Erst mit einer dünnen Lage Mangoldblätter und danach mit 1–2 Scheiben Ziegenkäse bedecken. Die restliche Farce darauf verteilen und die überstehenden Mangoldblätter darüber zusammenschlagen, zum Schluss noch einmal alles gut zusammendrücken.

Die Deckel auflegen und die Lammterrinen 40 Minuten bei 180 °C im Ofen garen.

Der Vorteil dieser Mini-Terrinen liegt darin, dass sie noch warm genossen werden können, zum Beispiel mit einem Zwiebelchutney, oder auch kalt als Bestandteil dieser ländlich-deftigen Schmortöpfchen-Mahlzeit, aufgeschnitten zu einem guten Stück Brot. Die perfekte Ergänzung sind neue Kartoffeln, Frühlingszwiebeln und Knoblauch im Minitopf (Rezept auf Seite 42).

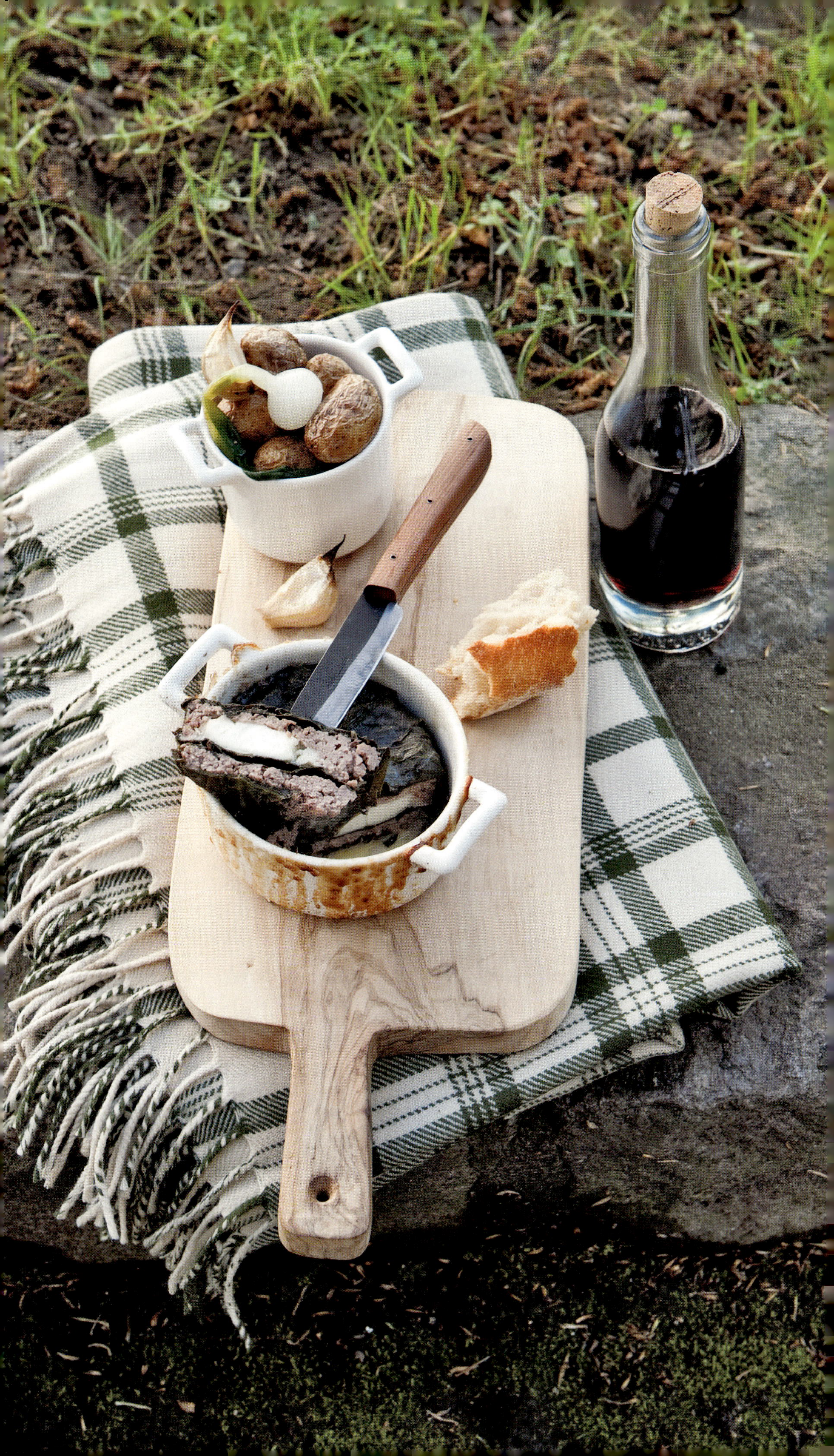

Mein Schmortöpfchen-Duo für Sonntagabend

Erbsen-Schinken-Clafoutis mit Boursin
+ Feine Gemüse-Töpfchen (Rezept auf Seite 44)

FÜR 4–5 MINI-BRÄTER
Zubereitung: 15 Minuten
Garzeit: 25 Minuten

70 g Boursin (französischer Doppelrahmfrischkäse)
1 Eigelb
4 Eier
60 g Speisestärke (Maisstärke)
150 ml Sahne
200 ml Milch
3–4 Scheiben gekochter Schinken
200 g gepalte Erbsen (frisch oder tiefgekühlt)
Salz und Pfeffer

Vorbereiten:
Den Boursin in eine Schüssel geben, mithilfe eines Schneebesens behutsam mit dem Eigelb verrühren, dann nacheinander die Eier hinzufügen. Die Speisestärke unterrühren, dann die Sahne und die Milch portionsweise einarbeiten. Mit Salz und Pfeffer würzen und kalt stellen.

Den Backofen auf 180 °C vorheizen.

Den gekochten Schinken in kleine Stücke schneiden und mit den Erbsen vermischen.

Fertigstellen:
Die Mini-Bräter auf ein Backblech mit hohem Rand stellen, das zur Hälfte mit Wasser gefüllt ist. Die Schinken-Erbsen-Mischung gleichmäßig auf die Schmortöpfchen verteilen.

Die Schinken-Erbsen-Mischung mit der Boursinmasse übergießen und die Clafoutis 20–25 Minuten ohne Deckel im Ofen backen.

Die Töpfchen sofort servieren – als Vorspeise oder als kleinen Snack mit einem grünen Blattsalat oder, wie hier vorgeschlagen, als Bestandteil dieses Schmortöpfchen-Duos für Sonntagabend, begleitet von einem feinen Gemüse-Töpfchen (Rezept auf Seite 44).

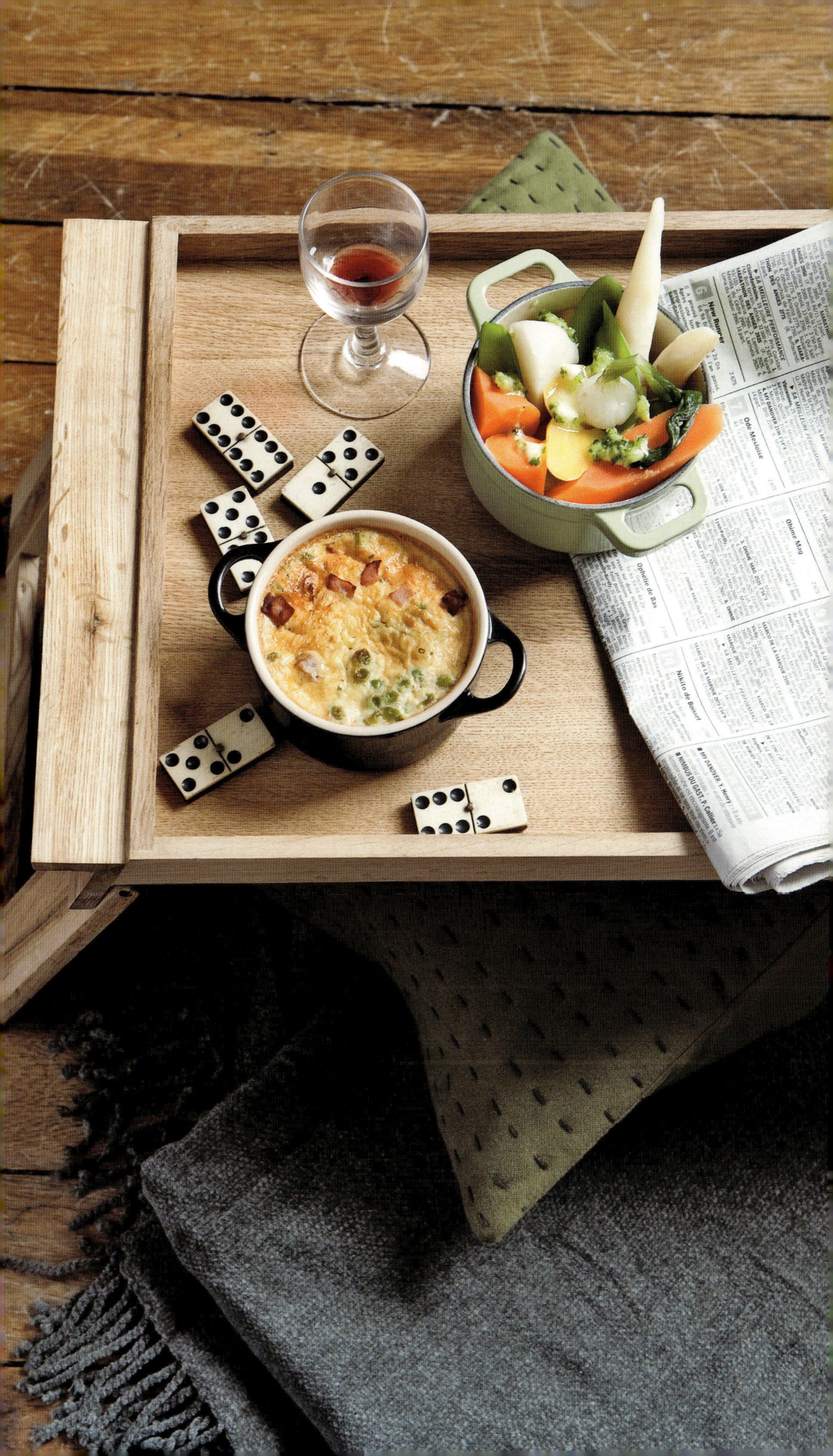

Mein feines Schmortöpfchen-Duo à la Bistroküche

Ente „Cocotte" mit Zitrone und Salbei
+ Brokkoli-Cheddar-Flan (Rezept auf Seite 66)

FÜR 6–8 MINI-BRÄTER
Zubereitung: 30 Minuten
Garzeit: 40 Minuten plus 15 Minuten

4 unbehandelte Zitronen
200 g extrafeiner Zucker
1 l Wasser
30 g Butter
5 oder 6 Entenkeulen, als Confit eingekocht
  (als Konserve im gut sortierten Feinkosthandel)
1 Bund Salbei
2 Knoblauchzehen
100 g Semmelbrösel

Einlegen der Zitronen in Sirup:
Die Zitronen in sechs Spalten schneiden und zusammen mit dem Zucker und dem Wasser in einer Kasserolle erhitzen, bis die Flüssigkeit fast vollständig eingekocht ist. Die Zitronen im Sirup bei Raumtemperatur beiseitestellen. (Um Zeit zu sparen, können die eingelegten Zitronen bereits am Vortag zubereitet oder es können gekaufte, in Sirup eingelegte Zitronen verwendet werden).

Vorbereiten der Ente:
Die Butter aus dem Kühlschrank nehmen und Raumtemperatur annehmen lassen. Den Backofen auf 180 °C schalten, die Entenkeulen in eine Auflaufform legen und in den Backofen schieben, um sie von möglichst viel Fett zu befreien.

In der Zwischenzeit von den Salbeistängeln die Blätter abzupfen, die Knoblauchzehen schälen und hacken.

In einer Schüssel die Semmelbrösel, die weiche Butter, den Knoblauch und einige klein geschnittene Salbeibätter mit den Fingerspitzen verkneten.

Fertigstellen:
Die Entenkeulen aus dem Backofen nehmen, das Fleisch von den Knochen lösen; darauf achten, möglichst große Stücke auszulösen. Die Fleischstücke gleichmäßig auf die Mini-Schmortöpfchen verteilen. Einige Zitronenspalten in kleine Würfel schneiden und zum Entenfleisch geben. Mit den aromatisierten Semmelbröseln bestreuen und etwa 15 Minuten im Ofen erhitzen.

Aus dem Backofen nehmen, mit einigen Salbeiblättern und eingelegten Zitronenspalten garnieren und sofort zu Tisch bringen, wie hier vorgeschlagen, im Rahmen dieses feinen Schmortöpfchen-Duos à la Bistroküche, kombiniert mit einem Brokkoli-Cheddar-Flan (Rezept auf Seite 66).

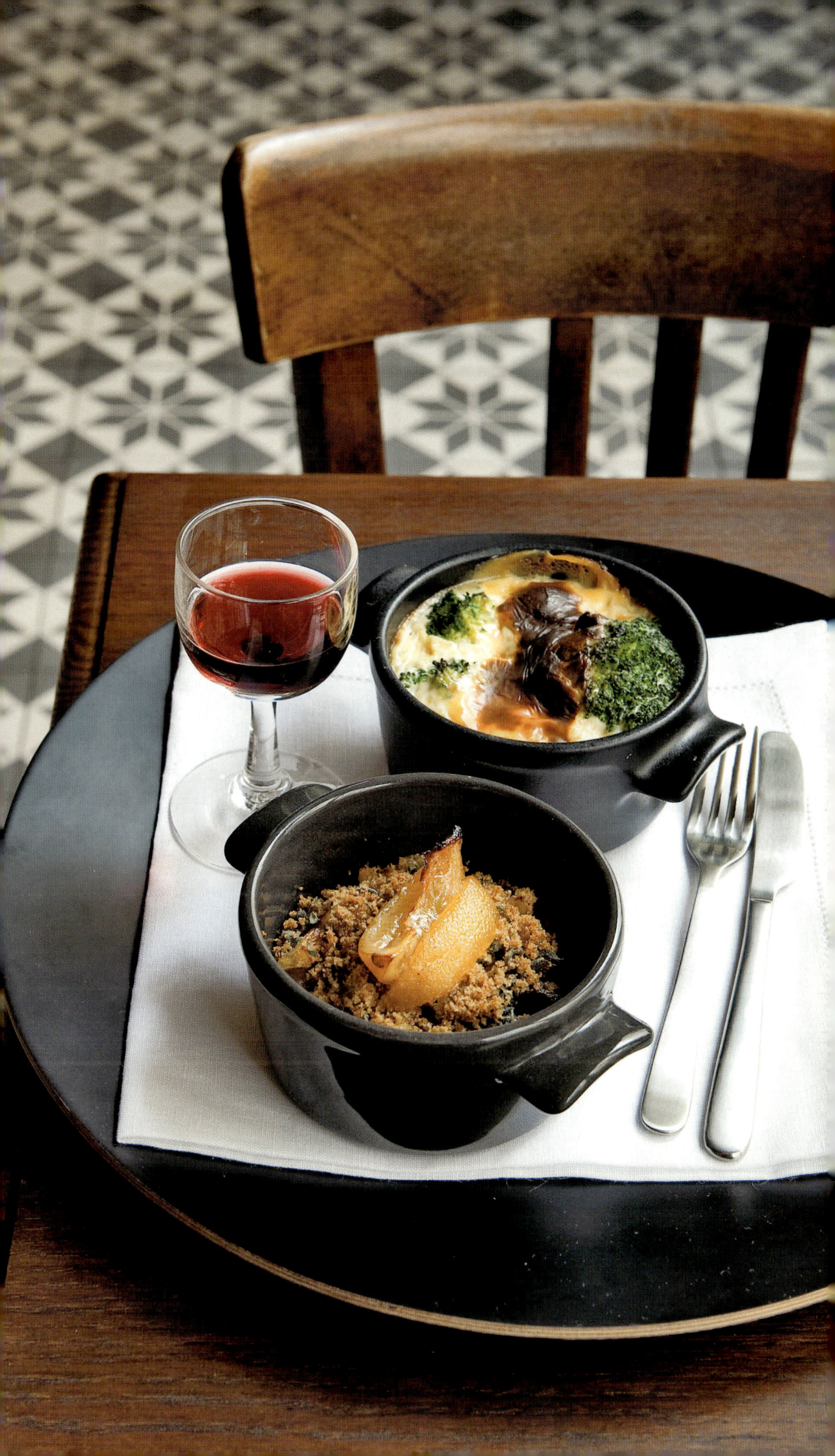

Mein Schmortöpfchen-Duo „klein & fein"

Ravioles du Royans in Geflügelbouillon
+ Gratinierte Auberginen „alla parmigiana" (Rezept auf Seite 106)

FÜR 6 – 8 MINI-BRÄTER
Zubereitung: 15 Minuten
Garzeit: 15 Minuten

750 ml Geflügelbouillon (Geflügelfond aus dem Glas oder
  aus 3 Brühwürfeln hergestellt)
1 Bund Koriandergrün
Etwa 300 g Ravioles du Royans (mit Käse und Petersilie
  gefüllte kleine Ravioli, Spezialität aus der Dauphiné), ersatzweise
  andere kleine, mit Käse und Kräutern gefüllte frische Ravioli
Frisch gemahlener Pfeffer

Vorbereiten:
Die Geflügelbouillon in einer Kasserolle zum Kochen bringen.

Den Backofen auf 170 °C vorheizen.

Währenddessen die Korianderblättchen von den Stängeln zupfen und die Ravioles voneinander trennen.

Fertigstellen:
Die Mini-Bräter zu zwei Dritteln mit der Geflügelbouillon füllen und die Ravioles gleichmäßig darauf verteilen.

Mit den Korianderblättchen bestreuen und mit Pfeffer würzen, dann die Deckel auflegen und etwa 5 Minuten im Ofen garen.

Die Schmortöpfchen sofort servieren, entweder solo als Vorspeise oder als Bestandteil dieses Schmortöpfchen-Duos klein & fein", kombiniert mit gratinierten Auberginen „alla parmigiana" (Rezept auf Seite 106).

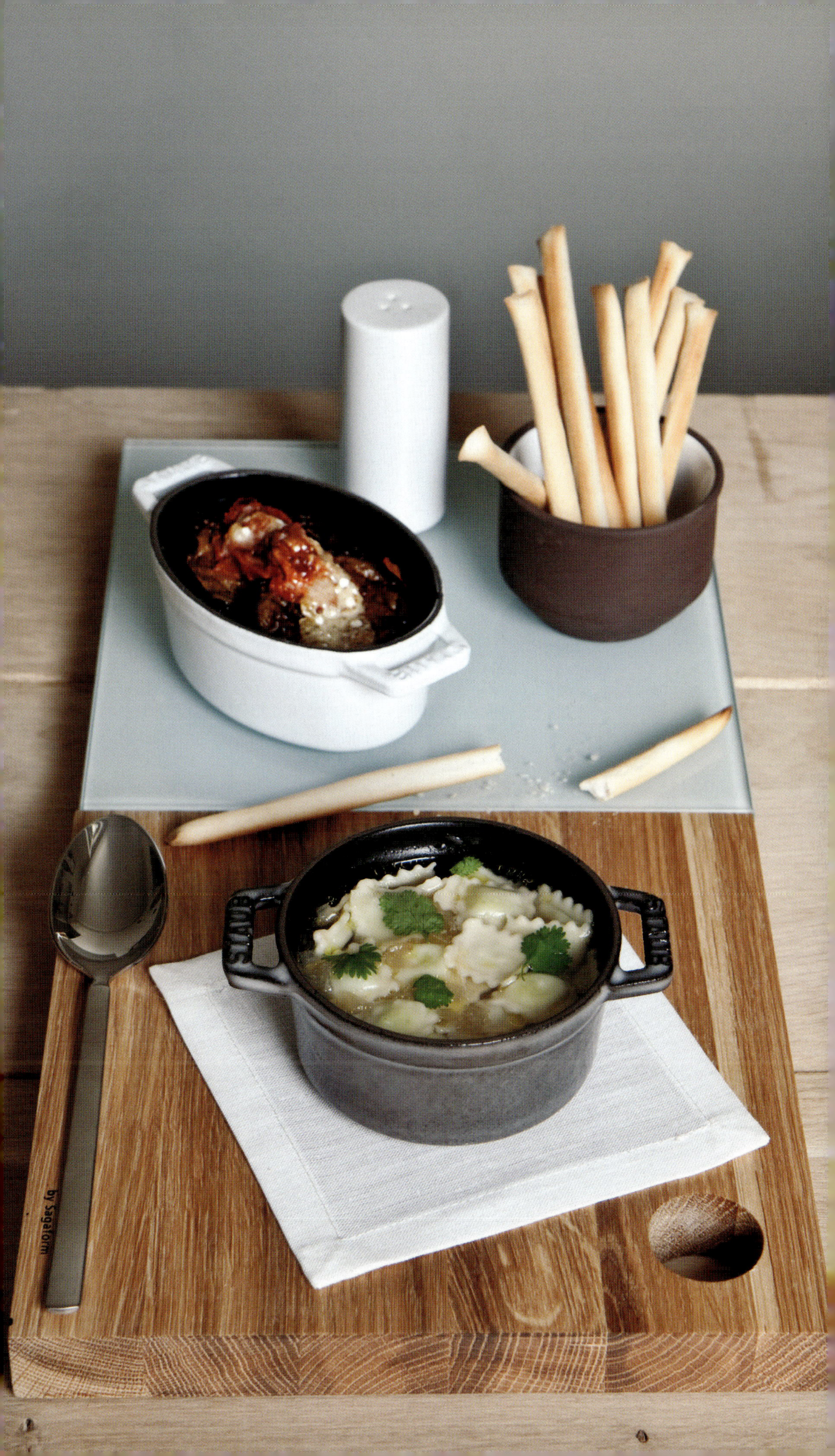
by Sagaform

Mein Schmortöpfchen-Duo für Verliebte

Wachtelfilet-Gänseleber-Cocottes mit Bananenchutney und Honigkuchencroutons
+ Liebesapfel im Töpfchen (Rezept auf Seite 160)

FÜR 6–8 MINI-BRÄTER
Zubereitung: 25 Minuten
Garzeit: 35 Minuten

Für das Chutney:
6 reife Bananen
30 g frischer Ingwer
100 g brauner Zucker
80 g weißer Essig
60 g Rosinen
1 knapper TL Currypulver
Frisch gemahlener Pfeffer

Für die Wachtelfilets:
50 ml neutral schmeckendes Öl
30 g Butter
6 Wachtelfilets (mit Haut und Flügeln)
5 Scheiben Honigkuchen
Etwa 200 g Foie gras *mi-cuit* (Gänsestopfleber „halb gegart")
Salz und frisch gemahlener Pfeffer

Zubereiten des Bananenchutneys (im Voraus zubereitet schmeckt es noch besser!):

Die Bananen und den Ingwer schälen.

Den Ingwer fein reiben und die Bananen in Scheiben schneiden.

Beides in eine Kasserolle geben und zusammen mit dem Zucker, dem Essig, den Rosinen, dem Currypulver und etwas frisch gemahlenem Pfeffer etwa 20 Minuten bei niedriger Temperatur unter gelegentlichem Rühren sanft erhitzen, bis die Zutaten zu einer konfitüreartigen Konsistenz eingekocht sind.

Vorbereiten der Wachtelfilets:

In einer Pfanne die Butter mit dem Öl erhitzen, dann die Wachtelfilets darin 2 Minuten pro Seite anbraten. Mit Salz und Pfeffer würzen und auf Küchenpapier abtropfen lassen.

Fertigstellen:

Den Backofen auf 180 °C vorheizen.

Den Honigkuchen in kleine Würfel schneiden. Etwas Bananenchutney in jeden Mini-Schmortopf geben, darauf erst je eine kleine Scheibe Gänsestopfleber und danach die Wachtelfilets und einige Würfel Honigkuchen legen.

Etwa 10 Minuten im Backofen erhitzen.

Die Cocottes aus dem Ofen nehmen und sofort servieren – zur Einstimmung auf ein festliches Menü, im Rahmen eines eleganten Aperitifs oder, wie hier vorgeschlagen, als Bestandteil dieses Schmortöpfchen-Duos für Verliebte, gefolgt von einem köstlichen Liebesapfel im Töpfchen (Rezept auf Seite 160) – als Dessert zum Teilen!

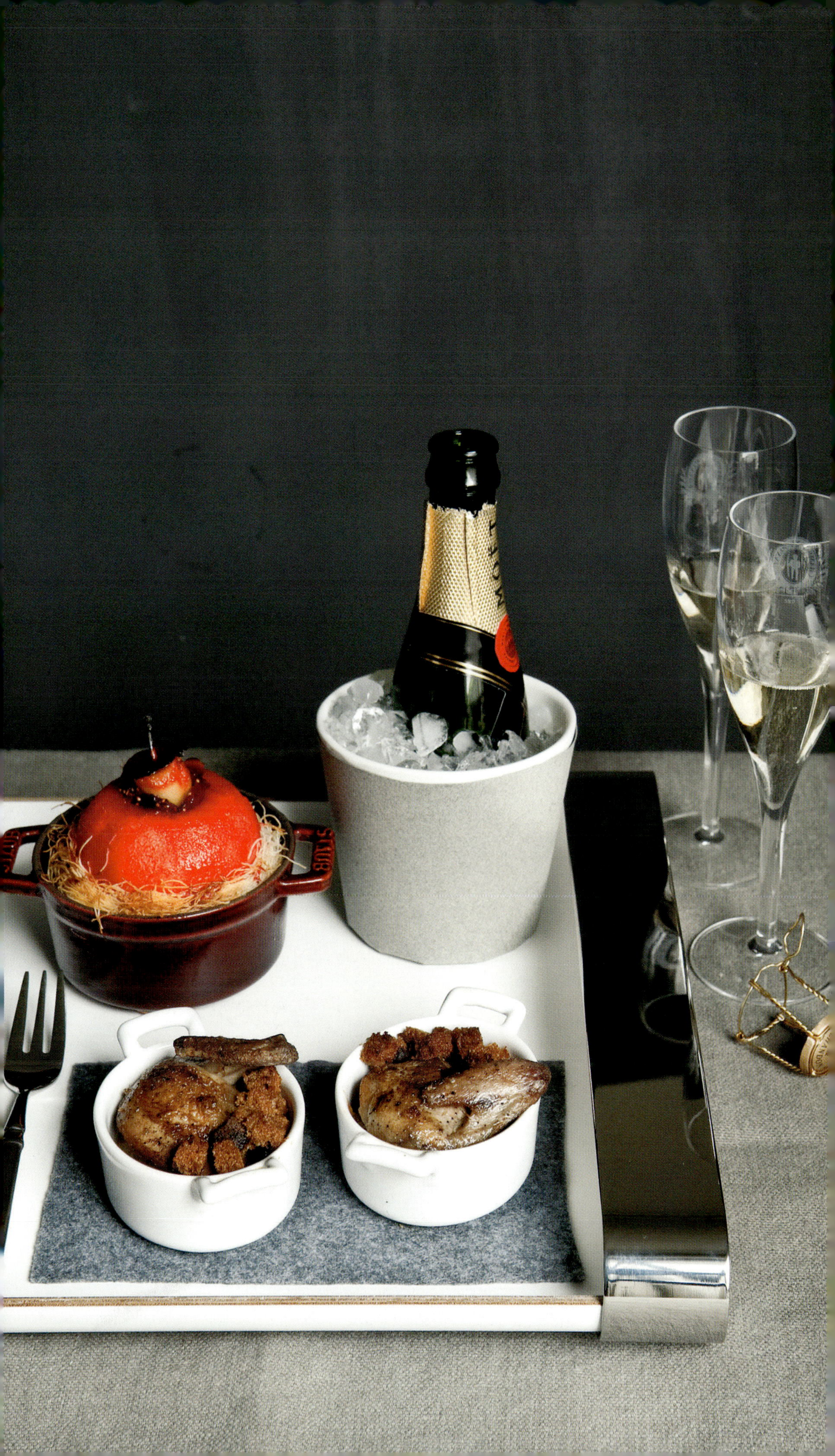
MOET

Mein spanisches Schmortöpfchen-Duo à la Bodega

Kabeljau-Chorizo-Töpfchen mit Paprikacoulis
+ Sardinen-Piquillos-Tian (Rezept auf Seite 112)

FÜR 6–8 MINI-BRÄTER
Zubereitung: 35 Minuten
Garzeit: 55 Minuten

4 rote Paprika
100 ml Olivenöl
500 g Kabeljaufilet mit Haut
2 Knoblauchzehen
1 Zwiebel
1 TL Tomatenmark
8 Scheiben Chorizo
Salz und Pfeffer

Vorbereiten:
Den Backofen auf 220 °C einstellen.

Die Paprika mit Olivenöl beträufeln und 20–25 Minuten im Backofen rösten: Sie sollen vollständig gegrillt und die Haut sollte fast verbrannt sein. Mit Aluminiumfolie abgedeckt auf Raumtemperatur abkühlen lassen.

Währenddessen den Kabeljau in große, etwa 70 g schwere Würfel schneiden und kalt stellen.

Den Knoblauch und die Zwiebel schälen und hacken.

Die Paprika halbieren, den Stielansatz, die Samen und die Scheidewände entfernen und dann die Haut abziehen.

In einer Kasserolle das restliche Olivenöl erhitzen, den Knoblauch und die Zwiebel 3–4 Minuten darin anschwitzen, ohne Farbe annehmen zu lassen, dann das Paprikafruchtfleisch, das Tomatenmark und 100 ml Wasser hinzufügen. Mit Salz und Pfeffer würzen, gründlich vermischen und 5 Minuten garen.

Vom Herd nehmen und zu einer Coulis pürieren (falls die Coulis zu dickflüssig geraten sein sollte, noch etwas Wasser unterrühren).

Fertigstellen:
Die Coulis gleichmäßig auf die Mini-Bräter verteilen, sodass diese bis zur Hälfte gefüllt sind, dann in die Mitte jeweils 1 Würfel Kabeljaufilet und 1 Scheibe Chorizo legen. Mit Salz und wenig Pfeffer würzen, die Deckel auflegen und 20 Minuten im Ofen garen.

Die Schmortöpfchen sofort zu Tisch bringen – als Bestandteil dieses spanischen Duos à la Bodega, kombiniert mit einem Sardinen-Piquillos-Tian (Rezept auf Seite 112).

TIPP: Sie können das Wasser für die Coulis auch durch Sahne ersetzen, so erhalten Sie eine feine Paprikacremesauce.

CORTADILLO DE CIDRA
INES ROSALES
MARCA REGISTRADA
c/ Real 102
Castilleja de la Cuesta
STAUB

Mein süßes Duo „Cocottes zur Teatime"

Zuppa inglese
+ Financier-Soufflé mit Aprikosen (Rezept auf Seite 156)

FÜR 6–8 MINI-BRÄTER
Zubereitung: 45 Minuten
Kühlzeit: 1 Stunde
Garzeit: 20 Minuten

250 ml Sahne
250 ml Milch
½ Vanilleschote
oder 1 TL Vanilleextrakt
4 Eier
280 g extrafeiner Zucker
40 g Zartbitterschokolade

5 EL Kirsch-, Himbeer- oder Orangensirup
3 EL Campari
100 ml Wasser
1 Tortenbiskuit (bzw. Genueser Biskuit)
oder etwa 30 Löffelbiskuits
100 g kandierte Früchte, gewürfelt

Vorbereiten:
Die Sahne mit der Milch und der Vanille bei niedriger Temperatur in einer Kasserolle erhitzen.

In der Zwischenzeit die Eier trennen und die Eigelbe mit 120 g extrafeinem Zucker kräftig aufschlagen. Die Eiweiße für die Baiserhaube beiseitestellen.

Die heiße Sahne-Milch-Mischung unter ständigem Schlagen zu den Eigelben gießen, dann die Mischung zurück in die Kasserolle füllen und bei sanfter Hitze unter unablässigem Schlagen erwärmen, bis die Creme einen Hozspatel deckend überzieht (Vorsicht: Die Creme darf auf keinen Fall kochen!).

Die Creme auf zwei kalte Schüsseln verteilen, um den Garprozess zu unterbrechen. In die eine Schüssel die gehackte Zartbitterschokolade geben und diese darin schmelzen lassen.

Fertigstellen:
In einer Schüssel den Fruchtsirup mit dem Campari und dem Wasser vermischen.

Die Böden der Cocottes mit einer Lage Tortenbiskuit oder Löffelbiskuits auslegen. Den Biskuit mithilfe eines Backpinsels mit der Sirup-Campari-Mischung tränken. Mit einigen Würfeln kandierter Früchte bestreuen und mit einer Lage Schokoladencreme bedecken. Nach derselben Methode weitere Lagen einschichten und anstelle der Schokoladencreme nun mit Vanillecreme abschließen. Mindestens 1 Stunde im Kühlschrank durchziehen lassen.

Baiserhaube:
Eine halbe Stunde vor dem Servieren die Eiweiße steif schlagen. Die Rührgeschwindigkeit senken und die restlichen 160 g extrafeinen Zucker einrieseln lassen – dabei den Rührvorgang nicht unterbrechen –, damit sich der Zucker auflöst und eine glänzende Baisermasse entsteht.

Die Baisermasse in einen Spritzbeutel füllen und die Cocottes damit dekorieren. Mithilfe eines Gasbrenners oder unter dem Backofengrill leicht überbräunen.

Die Cocottes sofort servieren – als Dessert oder, wie hier vorgeschlagen, im Rahmen dieses süßen Duos zur Teatime, zusammen mit einem Financier-Soufflé mit Aprikosen (Rezept auf Seite 156) und einer schönen Tasse heißem Tee.

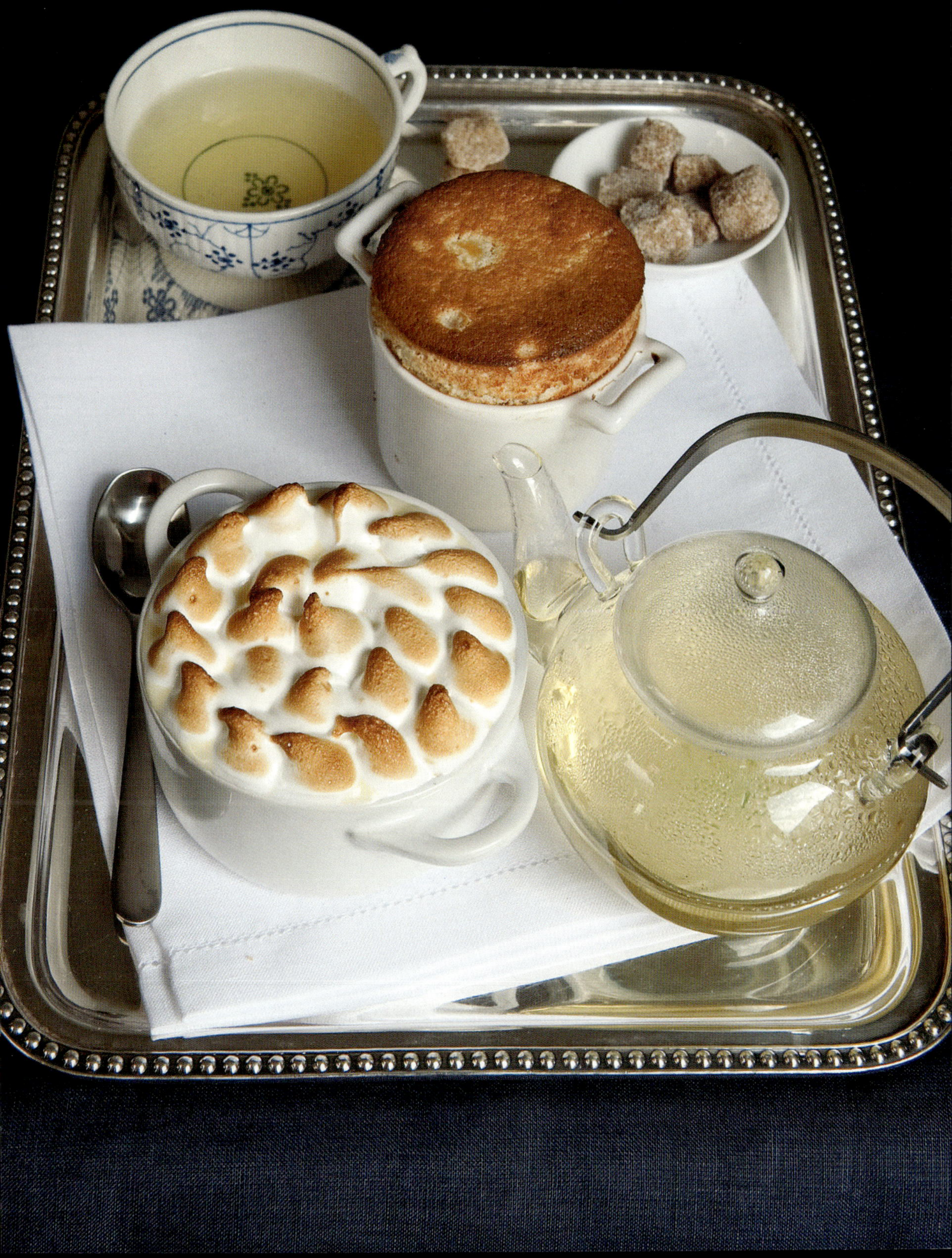

SÜSSE TÖPFCHEN

Les sucrées

Financier-Soufflé mit Aprikosen

FÜR 6–8 MINI-BRÄTER
Zubereitung: 30 Minuten
Kühlzeit: 15 Minuten
Garzeit: 20 Minuten

150 g Butter + 50 g für die Mini-Bräter
130 g gemahlene Mandeln
130 g Puderzucker
50 g Mehl
8 Eiweiß
200 g Aprikosen
100 g extrafeiner Zucker ı 70 g für die Mini-Bräter

Vorbereiten:

In einer Kasserolle 150 g Butter zerlassen und leicht bräunen lassen, damit sie einen nussigen Geschmack annimmt. Beiseitestellen und auf Raumtemperatur abkühlen lassen.

In einer Schüssel die gemahlenen Mandeln, den Puderzucker und das Mehl vermischen. Nach und nach 4 Eiweiß einarbeiten, dabei gründlich rühren, damit sich keine Klümpchen bilden. Danach die abgekühlte Butter hinzufügen, erneut vermischen und schließlich die klein gewürfelten Aprikosen zugeben. Den Teig im Kühlschrank ruhen lassen.

Fertigstellen:

Die Mini-Bräter mit 70 g weicher Butter einpinseln und mit 70 g extrafeinem Zucker ausstreuen, dann die Töpfchen umdrehen und durch leichtes Klopfen auf den Topfboden überschüssigen Zucker entfernen. In den Kühlschrank stellen, damit die Butter fest wird.

Die restlichen 4 Eiweiß mit dem Schneebesen oder dem Handrührer steif schlagen, dann 100 g Zucker einrieseln lassen und weitere 2 Minuten schlagen, bis ein fester Eischnee entstanden ist.

Ein Drittel des Eischnees mithilfe eines Schneebesens unter den Aprikosenteig ziehen, dann die restlichen zwei Drittel sehr behutsam mit einem Spatel unterheben.

Den Backofen auf 180 °C vorheizen.

Die Mini-Schmortöpfe bis zum Rand mit dem Aprikosenteig füllen und mit dem Spatel glatt streichen. Mit dem Daumen und dem Zeigefinger die Ränder säubern, damit die Financier-Soufflés gleichmäßig aufgehen.

Etwa 20 Minuten im Ofen backen.

Die Soufflés sofort zu Tisch bringen – als Dessert oder als feine Kleinigkeit zur Teatime, vielleicht zusammen mit einer Zuppa inglese (Rezept auf Seite 152) und einer schönen Tasse heißem Tee.

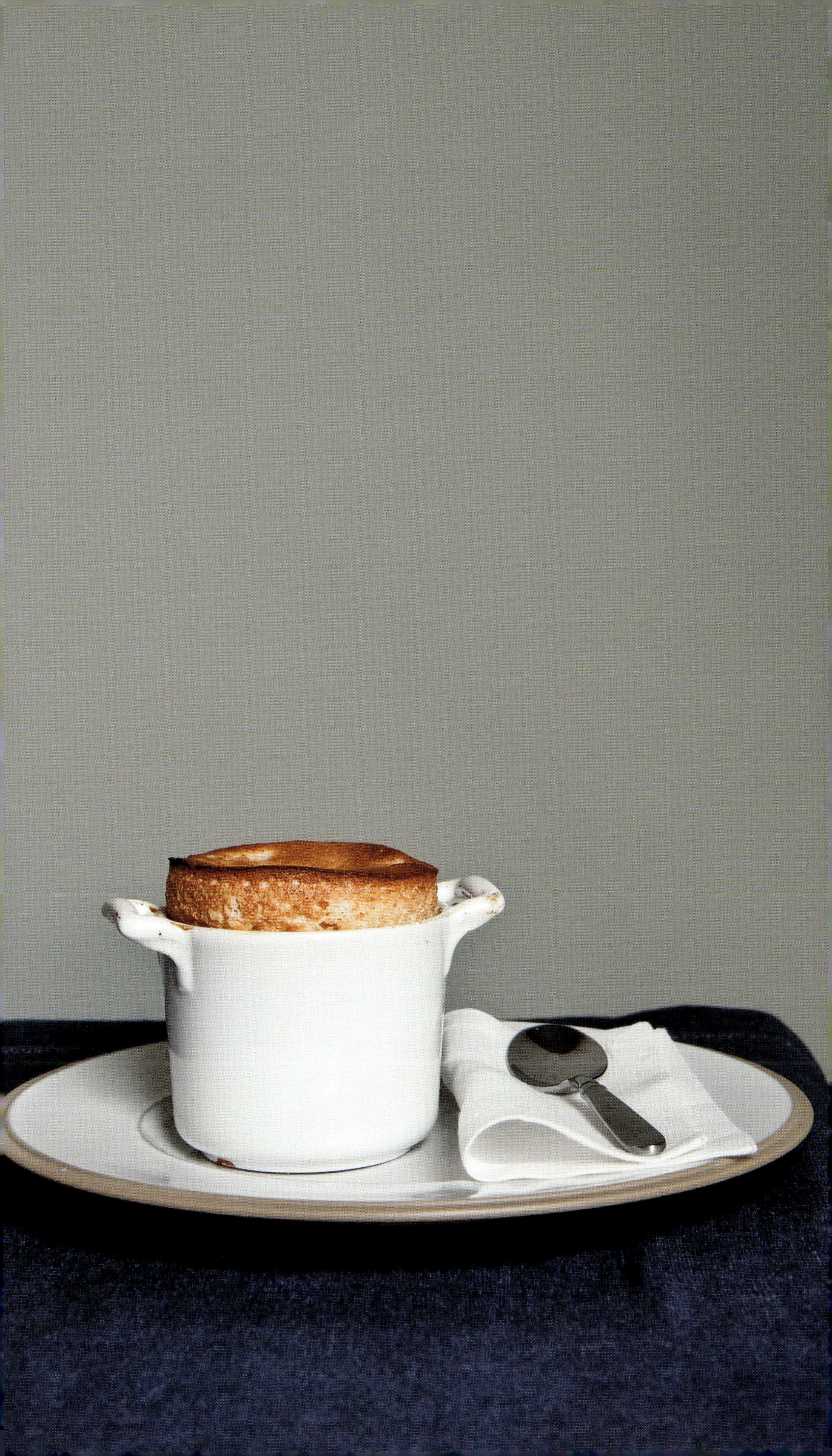

Geschmorte Vanille-Honig-Tomaten

FÜR 8 MINI-BRÄTER
Zubereitung: 20 Minuten
Garzeit: 1 Stunde und 30 Minuten

8 mittelgroße Tomaten
200 g Honig
2 Vanilleschoten

Vorbereiten:

Zuerst die Tomaten enthäuten. Dazu Wasser in einem Topf zum Kochen bringen. Die Tomaten an der Unterseite kreuzförmig und nicht zu tief einritzen. Die Tomaten 10 Sekunden ins siedende Wasser tauchen, danach in Eiswasser abschrecken. Vorsichtig die Haut abziehen, dann die Tomaten auf Küchenpapier abtropfen lassen.

Fertigstellen:

Die geschälten Tomaten in die Mini-Bräter setzen.

Den Honig in einer Kasserolle erhitzen, bis er leicht zu karamellisieren beginnt.

Die Vanilleschoten der Länge nach aufschlitzen, das Vanillemark auskratzen, zum Honig geben und die Vanilleschoten in 8 Teile schneiden.

Je ein Vanilleschotenstück in eine Tomate stecken, dann die Tomaten mit dem Vanillehonig übergießen.

Die Tomaten in den Minitöpfen etwa 1 Stunde und 30 Minuten bei 120 °C im Ofen schmoren.

Die noch warmen Vanille-Honig-Tomaten mit Vanilleeis und Gebäck servieren.

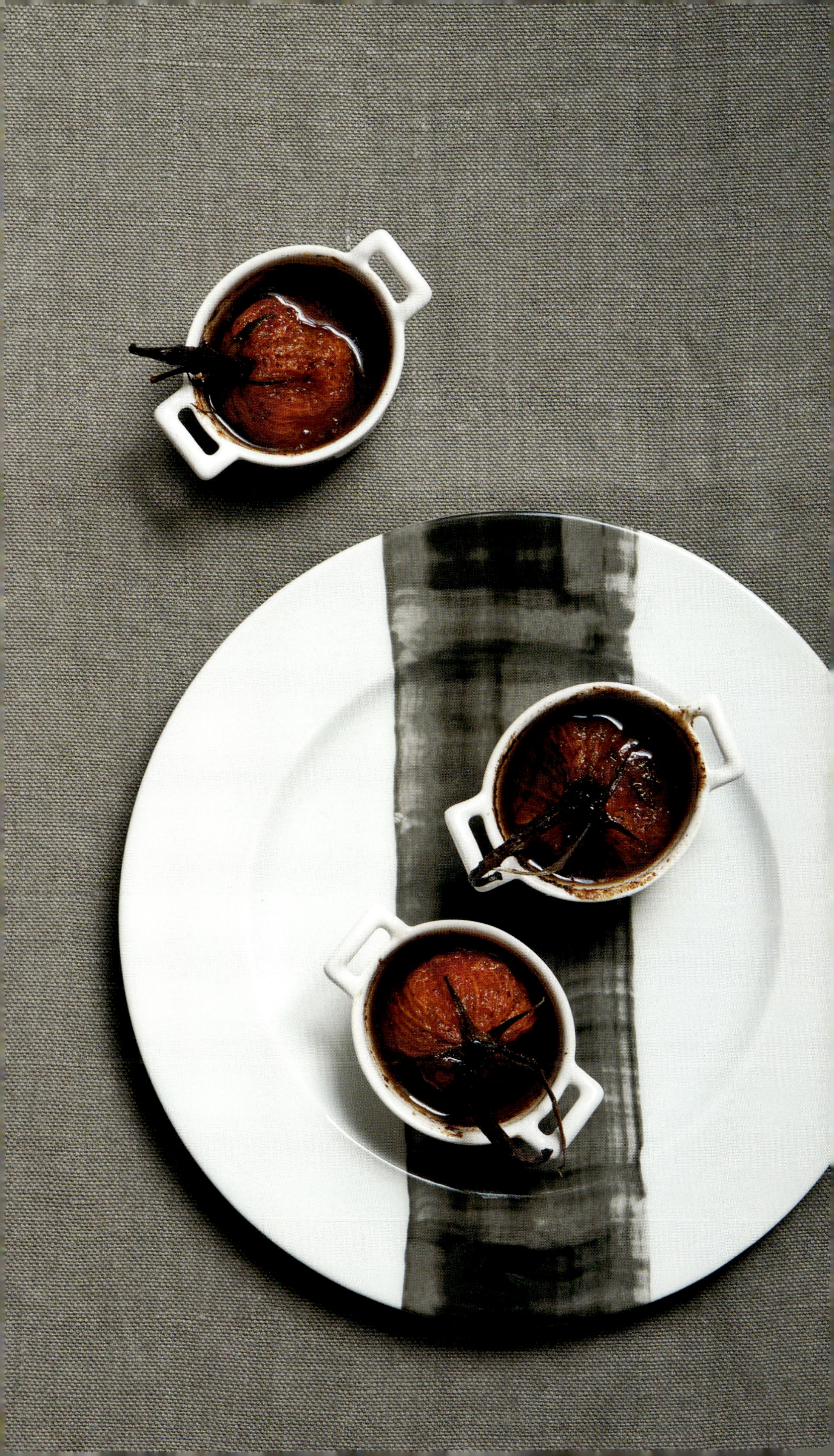

Liebesapfel im Töpfchen

FÜR 6–8 MINI-BRÄTER
Zubereitung: 30 Minuten
Garzeit: 25 Minuten

1,5 l Wasser
500 ml Grenadine (Granatapfelsirup)
6–8 Äpfel (fest und nicht zu groß für die Mini-Bräter)
250 g getrocknete Früchte (Aprikosen, Pflaumen, Feigen, Rosinen)
80 g Mischung aus Mandeln, Pistazien und Pinienkernen
100 g Erdbeer- oder Himbeerkonfitüre
200 g Kadaifteig („Engelshaar"; siehe Seite 8)

Vorbereiten:

In einem Topf das Wasser mit der Grenadine zum Kochen bringen.

Währenddessen die Stielansätze der Äpfel mit einem kleinen spitzen Messer sorgfältig in einem Stück herausschneiden und für später beiseitelegen.

Die Äpfel schälen und das Kerngehäuse ausstechen.

Die Äpfel in der Grenadine-Wasser-Mischung pochieren, bis sie eine kräftig rote Färbung angenommen haben und fast durchgegart sind; gelegentlich in der Flüssigkeit wenden.

Die Trockenfrüchte in kleine Würfel schneiden und mit der Mandelmischung und der Konfitüre vermengen.

Die Mischung in einen Spritzbeutel mit großer Öffnung füllen.

Fertigstellen:

Den Backofen auf 200 °C vorheizen.

Etwas von der Frucht-Nuss-Mischung in die Mini-Bräter geben.

Die pochierten Äpfel so darauf setzen, dass sie einen guten Halt haben und aufrecht stehen bleiben, und mit der restlichen Frucht-Nuss-Mischung füllen. Die beiseitegelegten Stielansätze wieder einsetzen.

Etwas Kadaifteig ringförmig um die Äpfel herumlegen.

Die Äpfel etwa 15 Minuten im Ofen backen, bis der Kadaifteig eine appetitlich goldbraune Färbung angenommen hat.

Die Liebesäpfel als Dessert zum Beispiel mit Vanilleeis servieren oder als kleine Köstlichkeit zum Teilen, etwa nach einem Wachtelfilet-Gänseleber-Töpfchen mit Bananenchutney und Honigkuchencroutons (Rezept auf Seite 148) im Rahmen eines Schmortöpfchen-Duos für Verliebte.

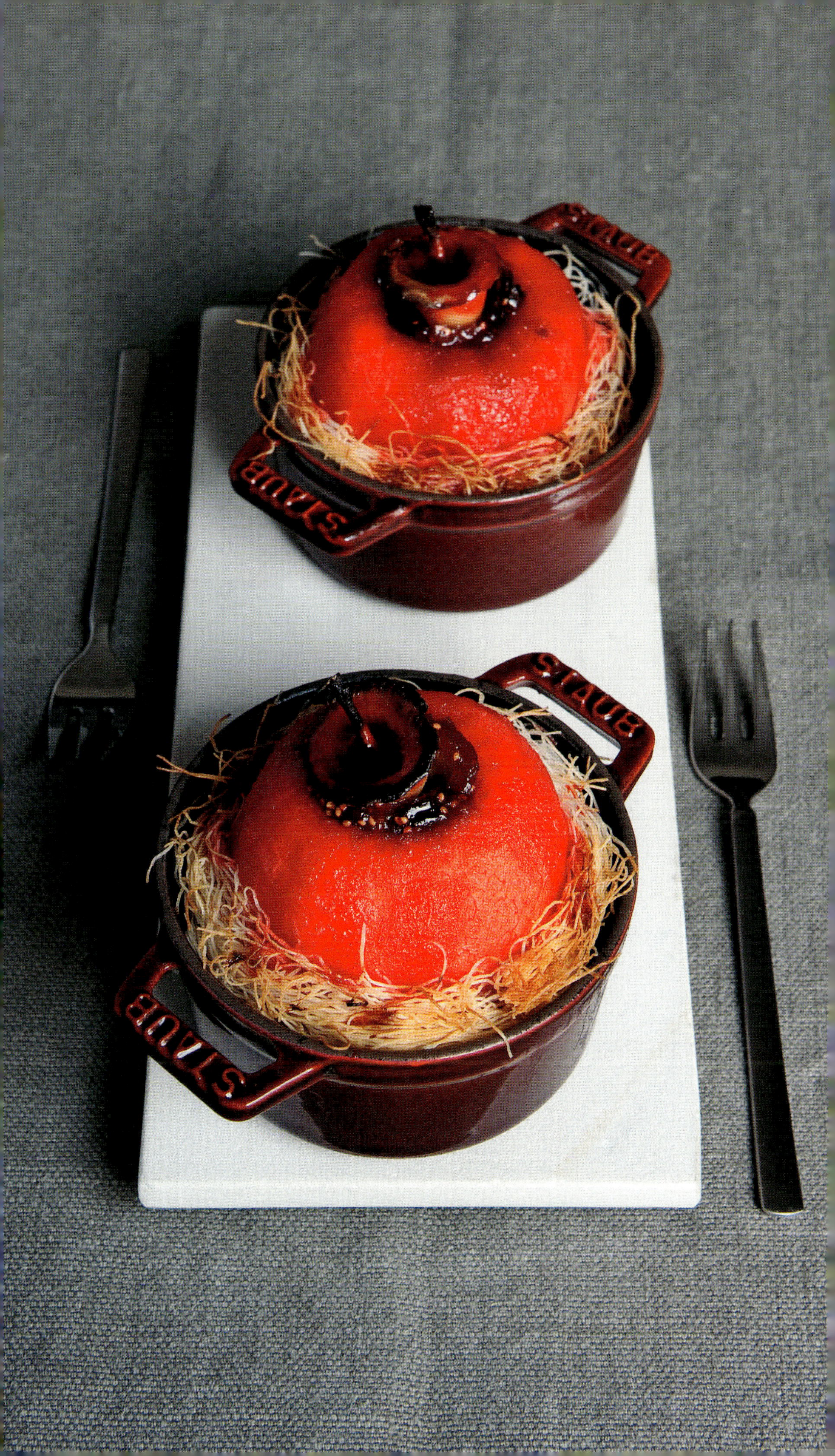
STAUB

Rotweinbirnen in Mandelcreme

FÜR 6 MINI-BRÄTER
Zubereitung: 30 Minuten
Garzeit: 50 Minuten

Für die Rotweinbirnen:
½ unbehandelte Orange
½ unbehandelte Zitrone
1 l Rotwein
50 ml Cassis (französischer Likör aus schwarzen Johannisbeeren)
100 g extrafeiner Zucker
3 Sternanis
2 Zimtstangen
6 mittelgroße Birnen

Für die Mandelcreme:
125 g Butter (1 Stunde vor der Weiterverarbeitung aus dem Kühlschrank nehmen)
125 g extrafeiner Zucker
2 Eier
125 g gemahlene Mandeln
1 TL Vanilleextrakt
1 EL brauner Rum
60 g Mandelblättchen

Vorbereiten:

Mithilfe eines Sparschälers von den Orangen und Zitronen Zesten (Schalenstreifen) abschälen.

Den Rotwein mit dem Cassis, dem Zucker, dem Sternanis, den Zimtstangen und den Orangen- und Zitronenzesten in einen Topf geben und zum Kochen bringen.

In der Zwischenzeit die Birnen schälen; dabei darauf achten, dass der Stiel nicht beschädigt wird.

Die Birnen in den heißen Rotweinsud legen, den Deckel auflegen und 15–20 Minuten bei mittlerer Hitze unter gelegentlichem Wenden garen.

Vom Herd nehmen und die Birnen im Weinsud auf Raumtemperatur abkühlen lassen.

In einer Rührschüssel die in kleine Stücke geschnittene Butter mit dem Zucker mithilfe eines Schneebesens oder eines Handrührers kräftig aufschlagen, bis sich eine homogene Masse bildet.

Die Eier hinzugeben, erneut aufschlagen und danach die gemahlenen Mandeln, den Vanilleextrakt und den Rum unterrühren.

Fertigstellen:

Die Birnen abtropfen lassen und je eine mittig in die Mini-Bräter setzen. Den Rotweinsud filtern und im Kühlschrank aufbewahren, um ihn später separat zu den Rotweinbirnen in Mandelcreme zu reichen.

Den Backofen auf 180 °C vorheizen.

Den Mandelteig in einen Spritzbeutel füllen, ringförmig um die Birnen spritzen und mit Mandelblättchen bestreuen.

Die Schmortöpfchen 25–30 Minuten im Ofen backen.

Sie können die Rotweinbirnen in Mandelcreme noch warm genießen und als i-Tüpfelchen dazu den Rotweinsirup und/oder Vanilleeis servieren.

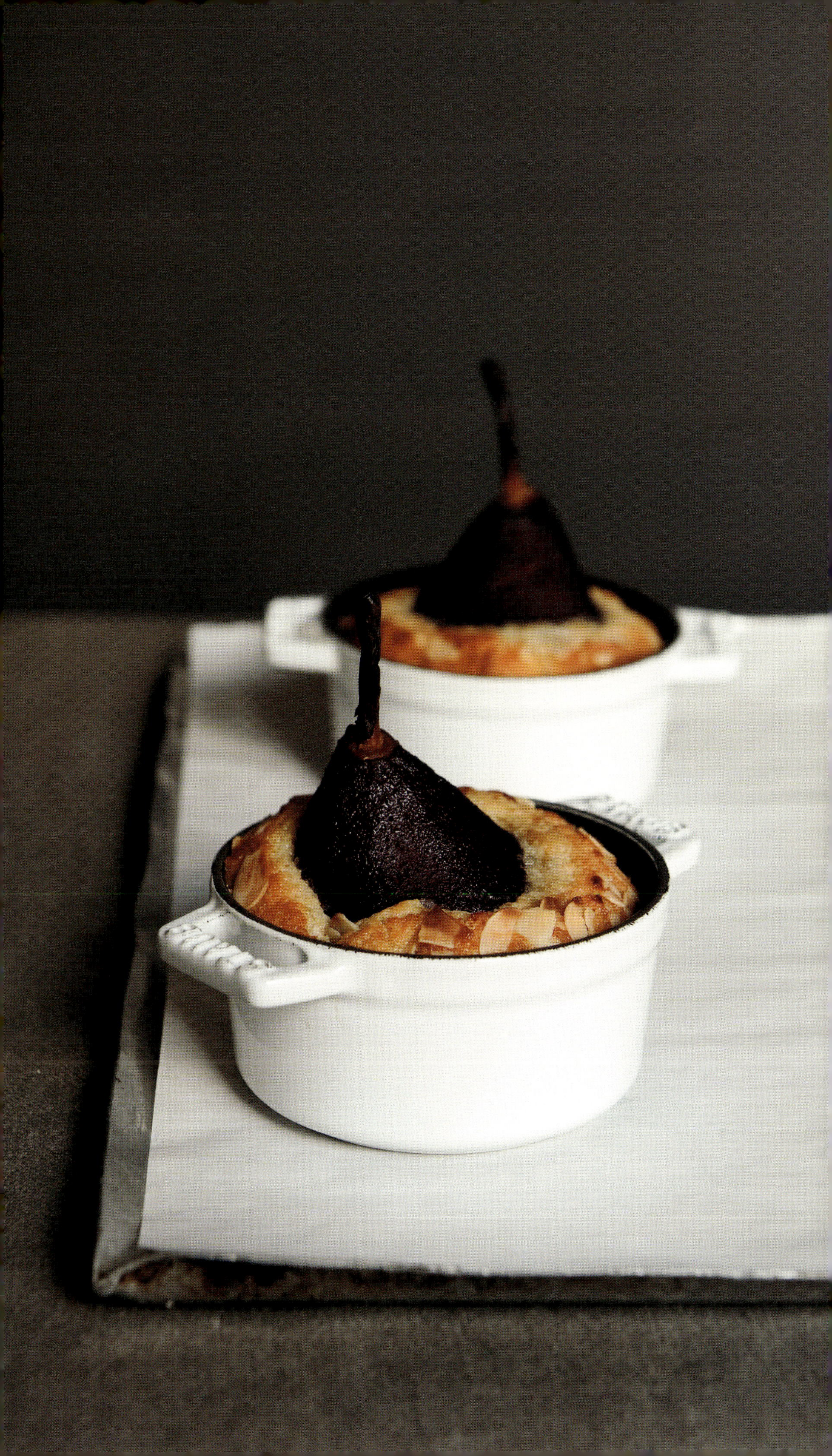

Gefüllte Mini-Ananas „Victoria"

FÜR 8 MINI-BRÄTER
Zubereitung: 45 Minuten
Garzeit: 45 Minuten
Kühlzeit: mindestens 2 Stunden

8 Victoria-Ananas (Mini-Ananas)
200 ml Wasser + 50 g extrafeiner Zucker
50 ml brauner Rum
10 g kandierter Ingwer
100 ml Sahne
6 Eigelb
60 g extrafeiner Zucker
20 g Speisestärke (Maisstärke)

Vorbereiten:

Von den Mini-Ananas das obere Drittel abschneiden und davon die Schale entfernen. Den unteren Teil mithilfe eines kleinen Messers und eines Löffels aushöhlen, um das Fruchtfleisch samt dem harten Inneren auszulösen; Letzteres entfernen.

Die ausgehöhlten Mini-Ananas kalt stellen; vom ausgelösten Fruchtfleisch 250 g für die Cremefüllung abwiegen. Das übrige Fruchtfleisch anderweitig verwenden.

Einen Sirup herstellen. Dazu den Zucker mit dem Wasser zum Kochen bringen, vom Herd nehmen und den Rum hinzufügen.

Den Sirup mit dem abgewogenen Ananasfruchtfleisch und dem klein geschnittenen kandierten Ingwer pürieren, sodass eine relativ dickflüssige Mischung entsteht.

Für die Cremefüllung die Sahne mit einem Drittel dieser Ananas-Sirup-Mischung in eine Kasserolle geben und bei sanfter Hitze erwärmen.

Währenddessen die Eigelbe mit dem Zucker in eine Rührschüssel geben und kräftig aufschlagen, dann die Speisestärke unterrühren.

Die heiße Sahnemischung zugießen, sorgfältig unterrühren, wieder in die Kasserolle füllen und bei milder Hitze zurück auf den Herd stellen. 2–3 Minuten unablässig rühren, bis die Mischung eindickt.

Vom Herd nehmen und den restlichen Ananassirup untermischen.

Fertigstellen:

Die ausgehöhlten Ananas in die Mini-Schmortöpfe stellen und vorsichtig mit der Ananascreme füllen.

Den Backofen auf 210 °C vorheizen.

Die Schmortöpfchen in den Backofen schieben, die Temperatur auf 180 °C senken und die gefüllten Ananas etwa 25 Minuten backen.

Aus dem Backofen nehmen, auf Raumtemperatur abkühlen lassen und vor dem Servieren mindestens 2 Stunden im Kühlschrank ruhen lassen.

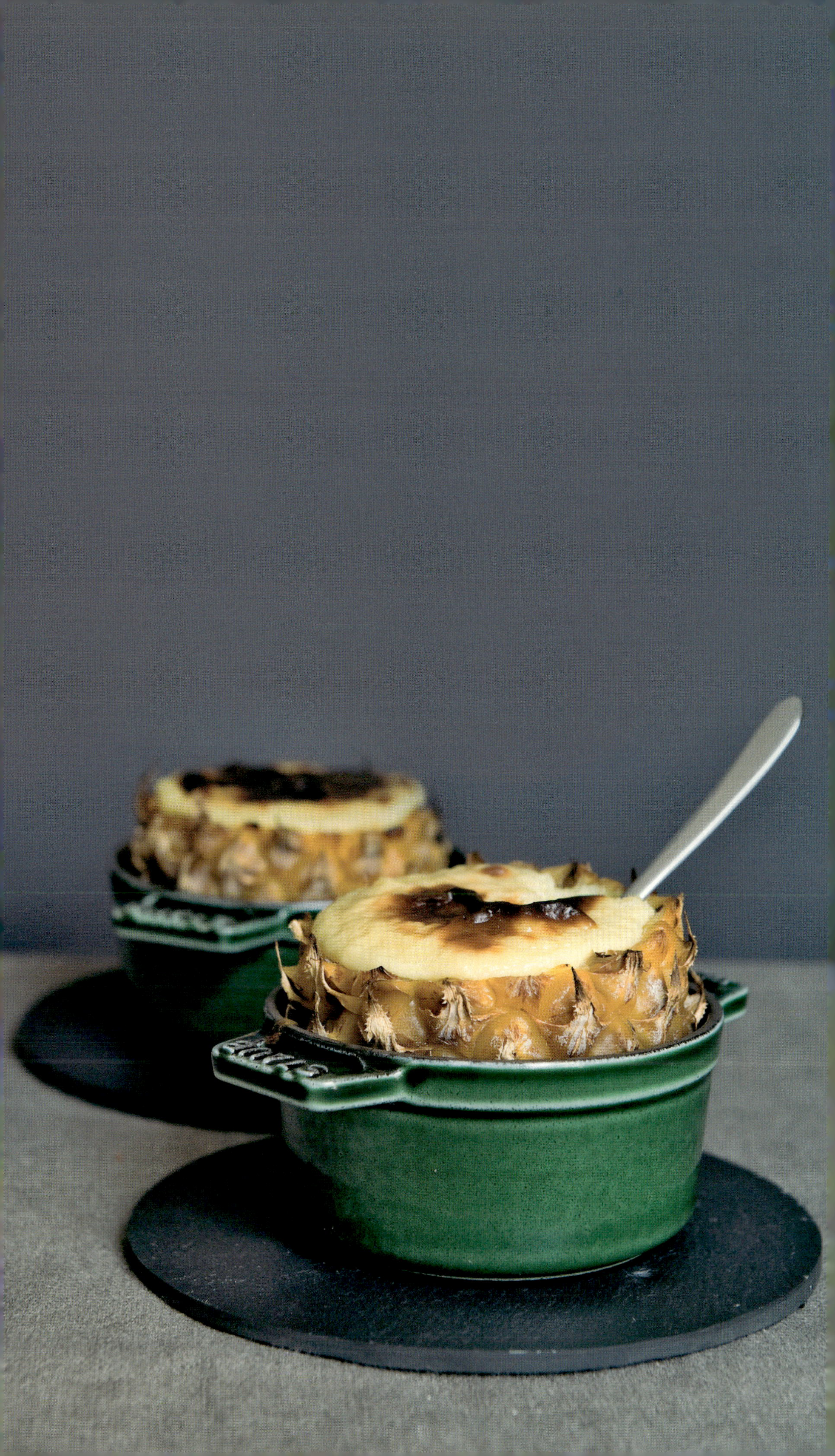

Heidelbeer-Käsekuchen im Töpfchen

FÜR 4–6 MINI-BRÄTER
Zubereitung: 40 Minuten
Garzeit: 40 Minuten
Kühlzeit: mindestens 2 Stunden plus 15 Minuten

½ unbehandelte Zitrone
4 Eigelb
100 g extrafeiner Zucker
75 g Mascarpone
200 g Speisequark
150 g Kekse (Spekulatius, Cookies, Sandgebäck, …)
60 g Butter
200 g Heidelbeeren (falls tiefgekühlte Heidelbeeren verwendet werden, diese vor der Weiterverwendung gut abtropfen lassen)

Vorbereiten:

Mithilfe eines Sparschälers die Schale der halben Zitrone in Zesten (Schalenstreifen) abschälen und diese fein hacken.

Danach die Eigelbe mit dem Zucker in eine Rührschüssel geben und kräftig aufschlagen, bis die Masse deutlich heller wird.

Zuerst den Mascarpone und danach den Speisequark und die gehackte Zitronenschale unterrühren. Die Käsekuchenmasse kalt stellen.

Die Kekse in der Küchenmaschine zu feinen Bröseln verarbeiten.

Die Butter vorsichtig bei sanfter Hitze schmelzen.

Die geschmolzene Butter zu den feinen Keksbröseln gießen und gründlich vermischen.

Fertigstellen:

Die Böden der Mini-Bräter etwa 1 cm hoch mit der Butter-Brösel-Masse bedecken und diese mithilfe eines Löffelrückens gut andrücken. Die Töpfchen etwa 15 Minuten kalt stellen, damit die Butter-Brösel-Masse fest wird.

Den Backofen auf 150 °C einstellen.

Die Heidelbeeren gleichmäßig auf die Mini-Bräter verteilen und mit der Käsekuchenmasse bedecken.

Die Töpfchen auf ein tiefes Backblech stellen, das bis zur Hälfte mit Wasser gefüllt ist, und etwa 40 Minuten im Backofen garen.

Aus dem Ofen nehmen, auf Raumtemperatur abkühlen lassen und vor dem Servieren mindestens 2 Stunden kalt stellen.

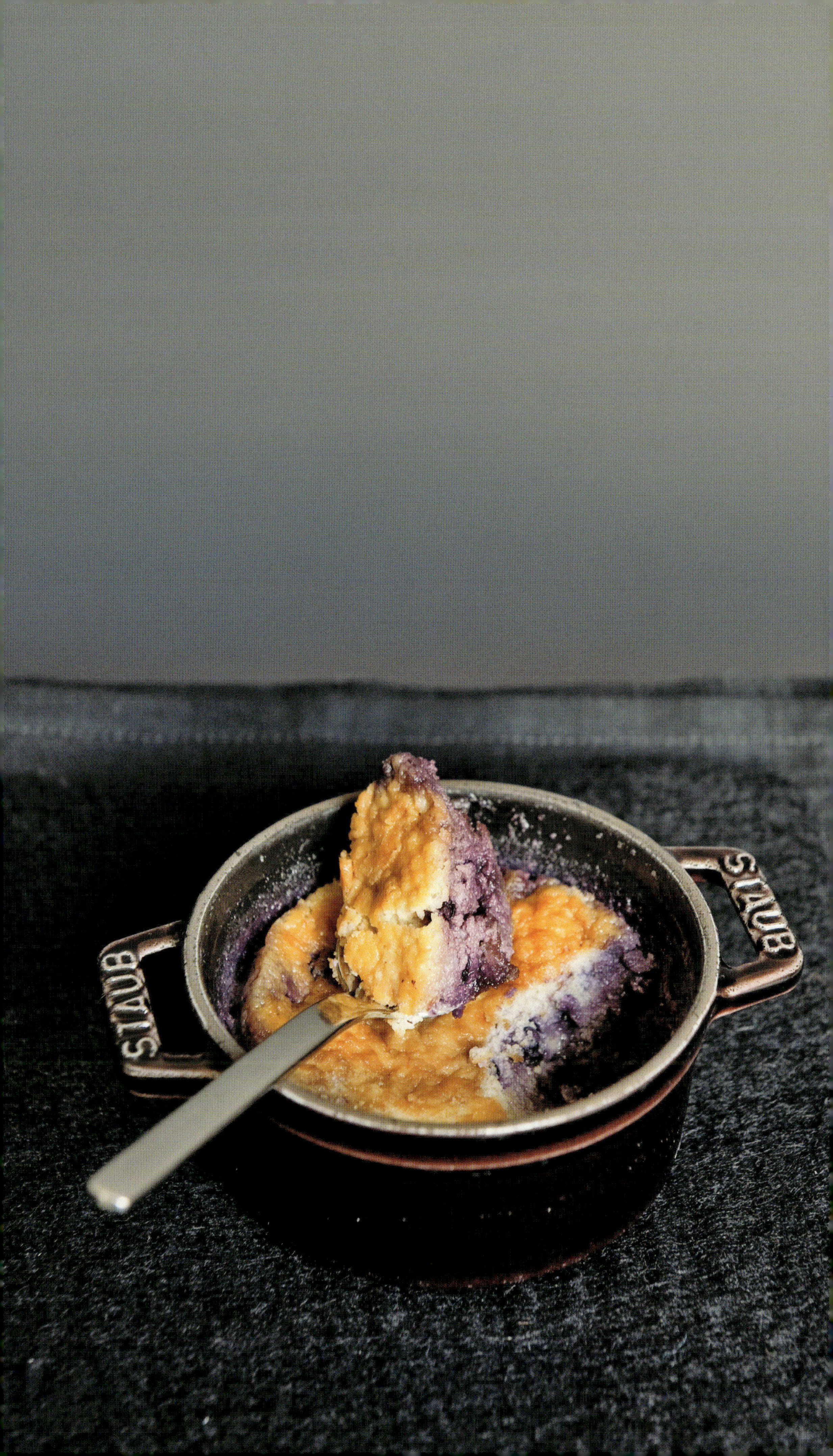

Ananas-Kokos-Flan

FÜR 6–8 MINI-BRÄTER
Zubereitung: 25 Minuten
Garzeit: 40 Minuten

1 Ananas
600 ml ungesüßte Kondensmilch
800 ml Kokosmilch
6 Eier
200 g extrafeiner Zucker
80 g Kokosraspeln

Vorbereiten:

Die Ananas vollständig schälen, dabei eventuell noch vorhandene „Augen" entfernen.

Die Ananas der Länge nach vierteln, das harte Innere herausschneiden und jedes Viertel in etwa 1 cm große Würfel schneiden.

Die Kondensmilch und die Kokosmilch in einen Topf gießen und bei mittlerer Temperatur erhitzen.

In der Zwischenzeit die Eier mit dem Zucker und den Kokosraspeln kräftig aufschlagen.

Die heiße Milchmischung zugießen und gut verrühren, bis sich alle Zutaten verbunden haben.

Fertigstellen:

Den Backofen auf 170 °C vorheizen.

Die Mini-Bräter zu zwei Dritteln mit den Ananaswürfeln füllen und diese mit der Kokoscreme übergießen.

Die Bräter auf ein tiefes Backblech stellen, das bis zur Hälfte mit Wasser gefüllt ist, und 30–40 Minuten im Backofen garen.

Vor dem Servieren vollständig abkühlen lassen. Entweder zum Dessert oder zusammen mit einem Avocado-Thunfisch-Clafoutis als exotisches Schmortöpfchen-Duo (Rezept auf Seite 132) genießen.

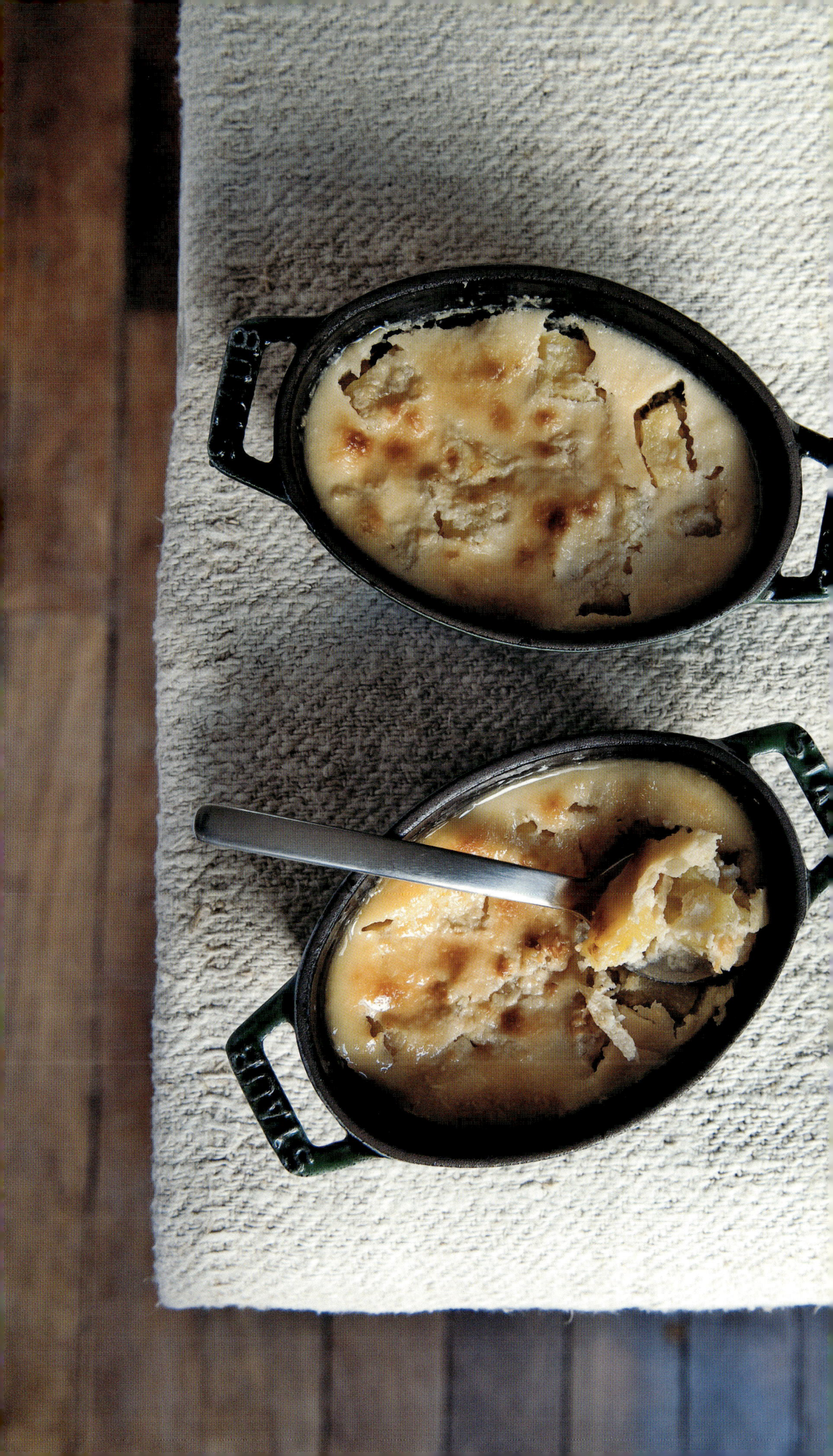

„Arme Ritter" mit Kokosmilch, Himbeeren und Pistazien

für 6–8 Mini-Bräter
Zubereitung: 20 Minuten
Garzeit: 20–25 Minuten

18–24 Scheiben Brioche
6 Eigelb
120 g extrafeiner Zucker
50 ml Rum
200 ml Sahne
400 ml Kokosmilch
125 g Himbeeren
50 g ungesalzene geschälte Pistazien

Vorbereiten:

Die Briochescheiben so zurechtschneiden, dass sie genau in die Mini-Bräter hineinpassen.

In einer Rührschüssel die Eigelbe mit dem Zucker und dem Rum kräftig aufschlagen, dann die Sahne und die Kokosmilch hinzufügen. Gründlich unterrühren und kalt stellen.

Den Backofen auf 170 °C vorheizen.

Ein ofenfestes Wasserbad vorbereiten: Ein tiefes Backblech oder eine andere große ofenfeste Form zur Hälfte mit Wasser füllen.

Die Briochescheiben mit etwas Kokoscreme tränken.

Fertigstellen:

Je eine passgenau zugeschnittene Scheibe Brioche in jeden Mini-Schmortopf legen, mit einigen Himbeeren und Pistazien bestreuen und nach dieser Methode die Schmortöpfchen weiter füllen, bis sie halb voll sind. Mit der restlichen Kokoscreme übergießen und die Töpfchen ins vorbereitete Wasserbad stellen.

20–25 Minuten im Backofen garen.

tipp: Die „armen Ritter" können heiß oder lauwarm mit einem Klacks Crème double oder Mascarpone oder kalt mit einer Himbeercoulis genossen werden.

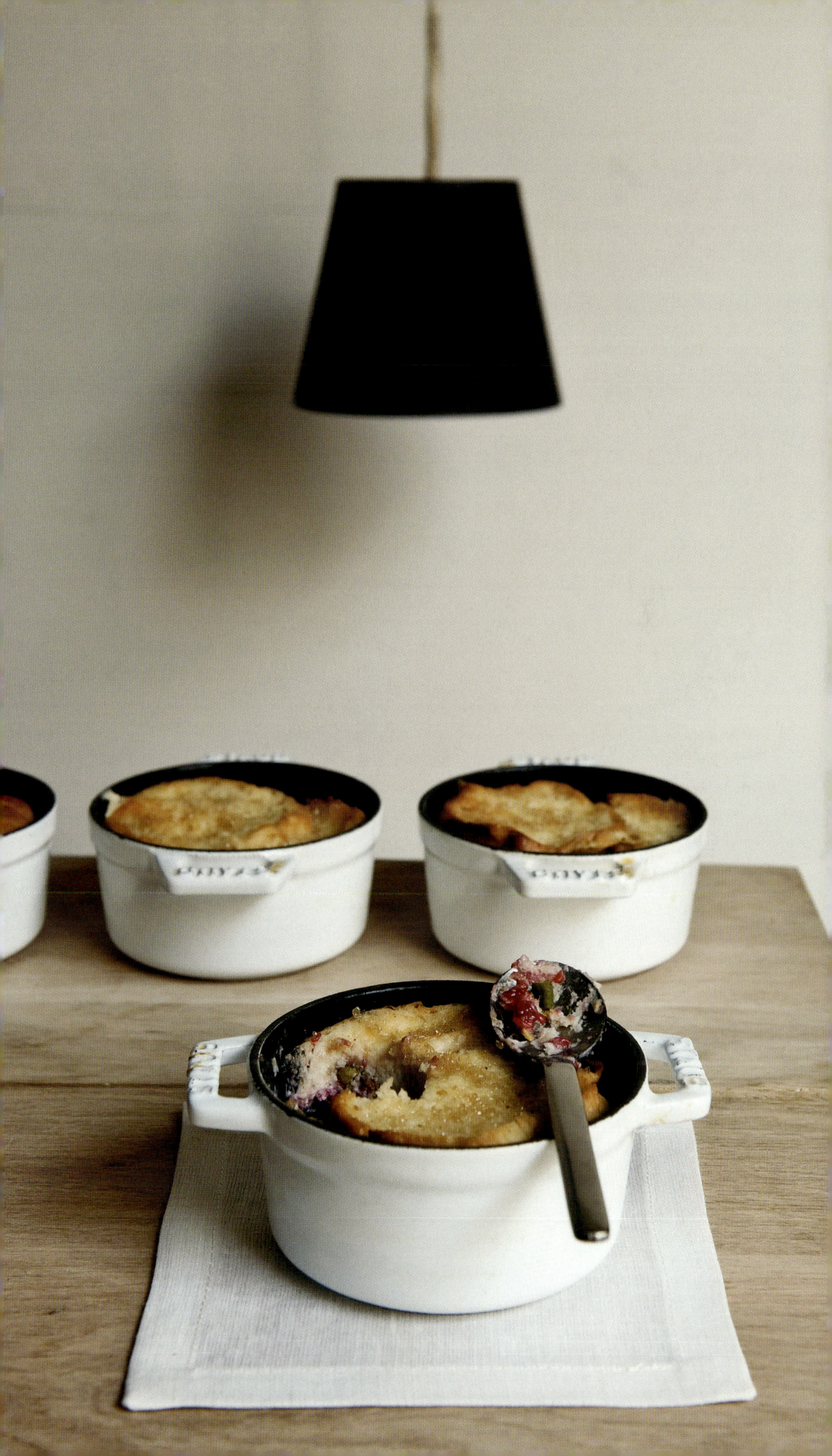

Kürbis und Maronen in Vanillecreme

FÜR 4–6 MINI-BRÄTER
Zubereitung: 15 Minuten
Garzeit: 35 Minuten
Kühlzeit: 30 Minuten

800 g Kürbis
125 g + 100 g extrafeiner Zucker
3 Prisen gemahlene Vanille
500 ml Wasser
3 Eier
350 ml Sahne
200 ml Milch
4 Prisen gemahlene Vanille
20 geschälte vorgegarte Maronen

Vorbereiten:

Den Kürbis schälen und das Fruchtfleisch in gleich große Spalten schneiden.

Die Kürbisspalten in eine Pfanne mit hohem Rand legen, 125 g Zucker, 3 Prisen gemahlene Vanille und das Wasser hinzufügen und bei mittlerer Hitze erwärmen, bis die Flüssigkeit vollständig eingekocht ist.

Währenddessen die Eier in eine kleine Rührschüssel geben, 100 g Zucker hinzufügen und kräftig aufschlagen, dann die Sahne, die Milch und 4 Prisen gemahlene Vanille unterrühren.

Fertigstellen:

Ein ofenfestes Wasserbad vorbereiten und die Mini-Bräter hineinstellen.

Den Backofen auf 150 °C vorheizen.

Die Kürbisspalten in große Würfel schneiden, gleichmäßig auf die Schmortöpfchen verteilen, einige Maronen zugeben und mit der Sahnemischung übergießen.

Etwa 25 Minuten im Ofen backen. Aus dem Ofen nehmen und auf Raumtemperatur abkühlen lassen. Die Mini-Schmortöpfe in den Kühlschrank stellen und gut durchgekühlt servieren.

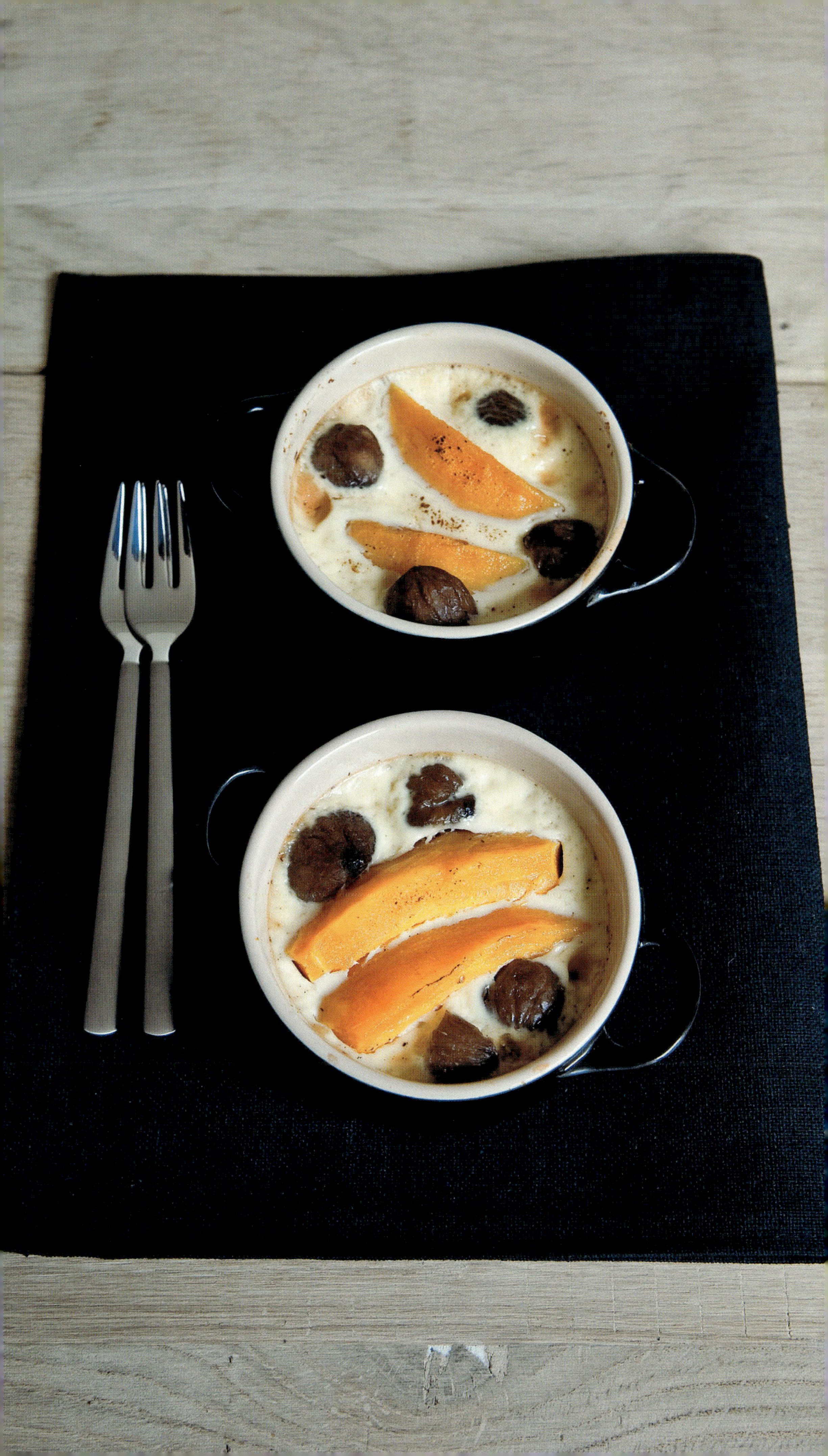

Schokoladentraum im Minitopf

FÜR 4–6 MINI-BRÄTER
Zubereitung: 20 Minuten
Kühlzeit: mindestens 30 Minuten
Garzeit: 15 Minuten

200 g Zartbitterschokolade
125 g Butter + 50 g für die Mini-Bräter
60 g Mehl
20 g Speisestärke (Kartoffelstärke)
20 g Kakaopulver
125 g extrafeiner Zucker
3 Eier

Vorbereiten:

Die Schokolade und die Butter in kleine Stücke schneiden und zusammen im Wasserbad schmelzen.

50 g Butter zerlassen, um die Mini-Bräter damit einzupinseln.

In einer Schüssel das Mehl mit der Kartoffelstärke und dem Kakaopulver mischen.

Erst den Zucker und dann die Eier zur geschmolzenen Schokolade geben und mit dem Schneebesen kräftig aufschlagen.

Die Mehl-Kakao-Mischung sofort hinzufügen und unterziehen, bis sich die Zutaten gerade eben zu einer homogenen Masse verbunden haben.

Fertigstellen:

Die Mini-Bräter innen mit Butter einpinseln.

Den Schokoladenteig gleichmäßig auf die Mini-Bräter verteilen und mindestens 30 Minuten kalt stellen (oder, noch besser, den Teig bereits am Vortag zubereiten und bis zur Verwendung im Kühlschrank ruhen lassen).

Den Backofen auf 200 °C vorheizen.

Die „Schokoladenträume" 7–8 Minuten im Ofen backen.

Unverzüglich genießen!

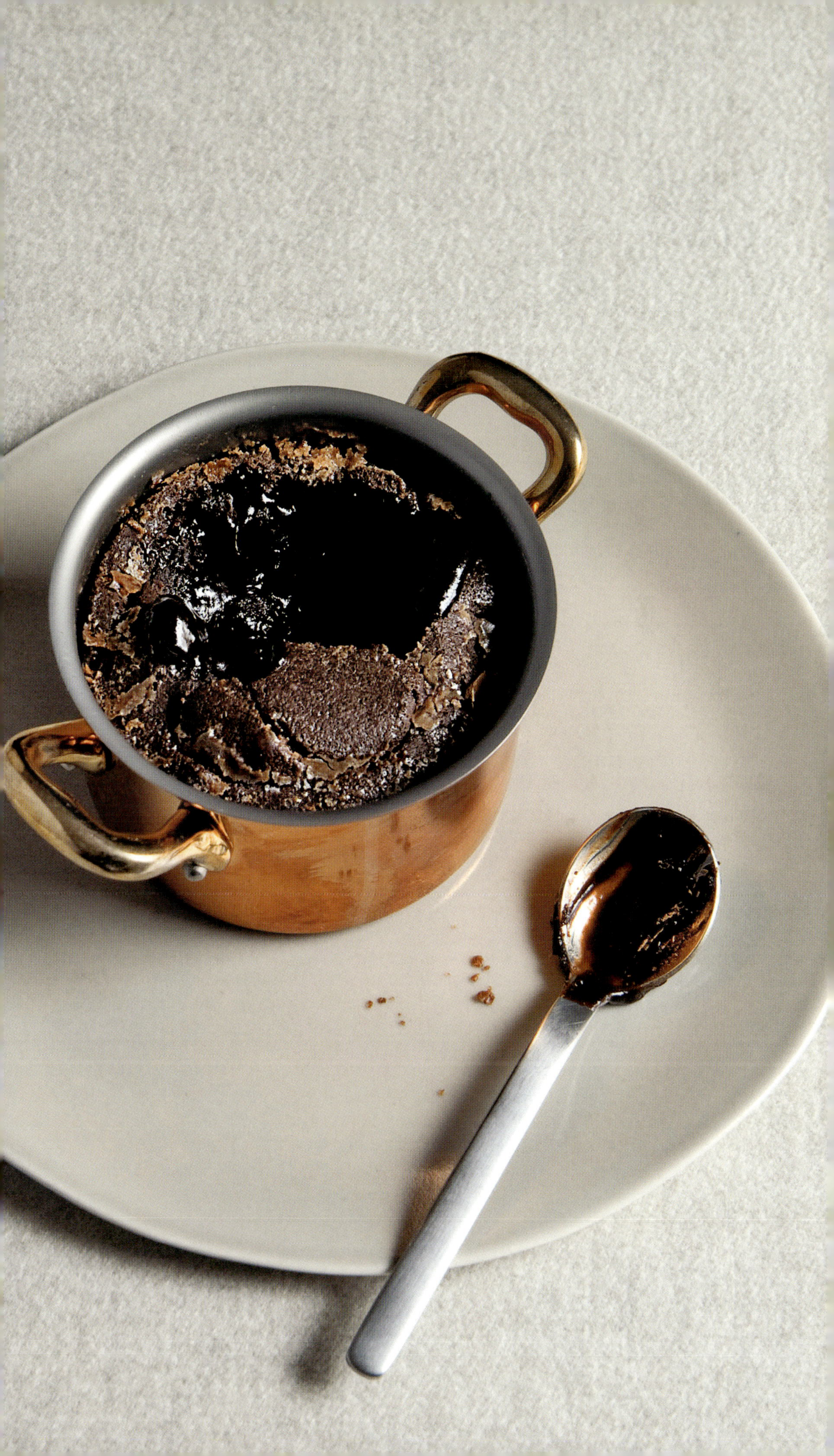

In Süßwein gegarte Früchte mit Gewürz-Sabayon

FÜR 6–8 MINI-BRÄTER
Zubereitung: 25 Minuten
Garzeit: 20 Minuten

400–500 g Früchte der Saison
400 ml weißer Süßwein (wie Jurançon oder Sauternes)
8 Eigelb
250 g extrafeiner Zucker
10 g gemischte gemahlene Gewürze (Vanille, Zimt,
   Ingwer, Kardamom, Anis, …)

Vorbereiten:
Die ausgewählten Früchte waschen, schälen und in möglichst gleich große Würfel schneiden.

Fertigstellen:
Die Früchte gleichmäßig auf die Mini-Schmortöpfe verteilen und mit etwas Süßwein beträufeln.

Den Backofengrill auf 180 °C vorheizen.

Für das Sabayon in einer Schüssel, die auf einem Topf mit leicht köchelndem Waser steht (Wasserbad), die Eigelbe mit dem Zucker und den Gewürzen mit einem Schneebesen kräftig aufschlagen, bis die Masse deutlich heller wird, eindickt und ihr Volumen verdoppelt (was etwa 15 Minuten dauert). Die Schüssel aus dem Wasserbad nehmen und den restlichen Süßwein unterschlagen.

Die Früchte großzügig mit dem Sabayon nappieren, dann die Mini-Schmortöpfe in den Backofen schieben und 2–3 Minuten unter dem Backofengrill gratinieren, bis sich die Oberfläche appetitlich goldbraun färbt.

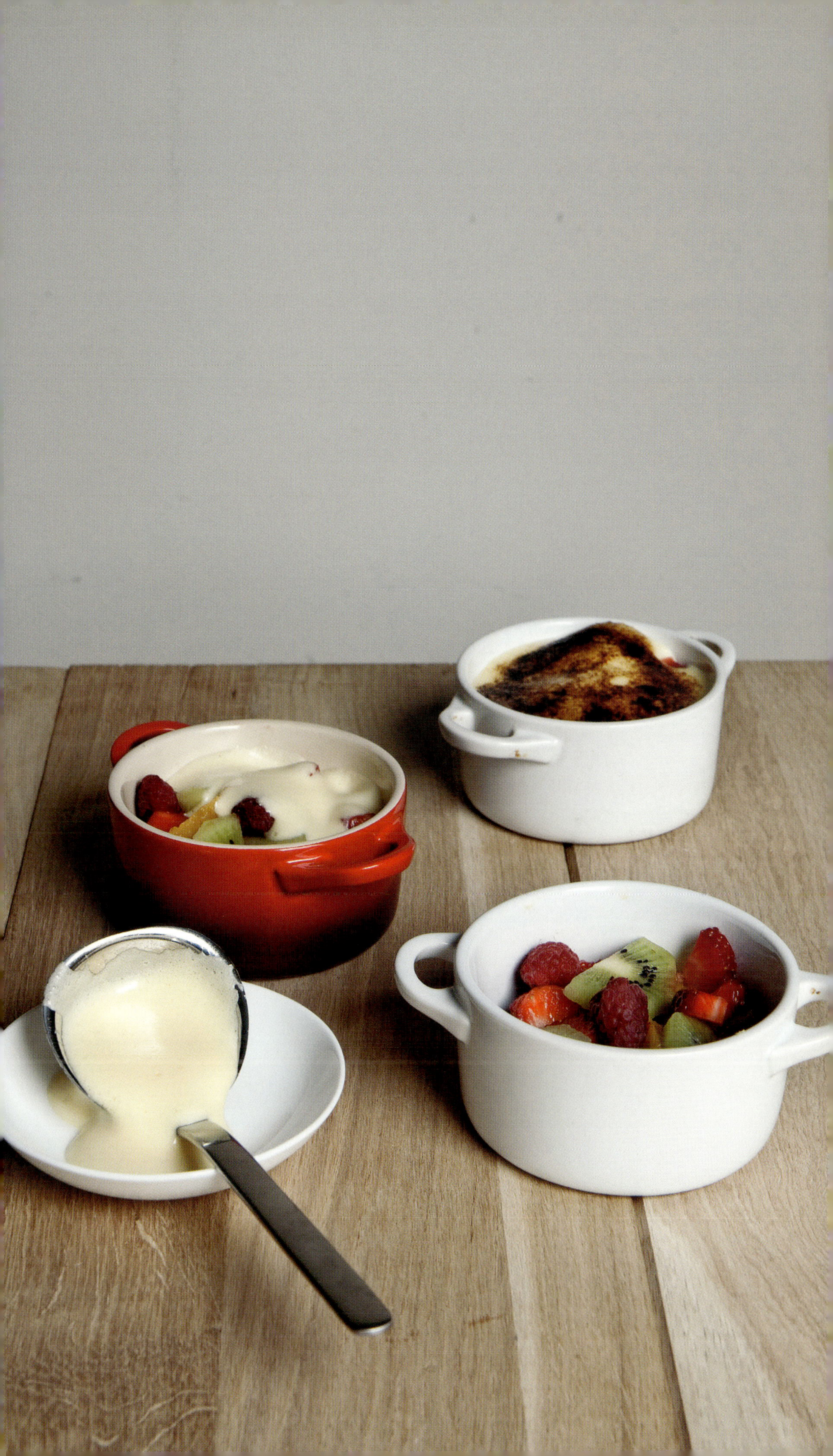

Orangen-Sabayon mit Zimt

FÜR 6–8 MINI-BRÄTER
Zubereitung: 35 Minuten
Garzeit: 20 Minuten

12 Orangen
8 Eigelb
200 g extrafeiner Zucker
10 g Zimt

Vorbereiten:

Die Orangen sorgfältig schälen, sodass auch die weiße Haut unter der Schale entfernt wird.

Mit einem Messer die Orangen filetieren, den dabei austretenden Saft auffangen.

Fertigstellen:

Die Orangenfilets gleichmäßig auf die Mini-Bräter verteilen.

Den Backofen auf 180 °C vorheizen.

Für das Sabayon in einer Schüssel, die auf einem Topf mit leise köchelndem Wasser steht (Wasserbad), die Eigelbe mit dem Zucker, dem Zimt und dem aufgefangenen Orangensaft mit einem Schneebesen kräftig aufschlagen, bis die Masse deutlich heller wird, eindickt und ihr Volumen verdoppelt. Dies dauert etwa 15 Minuten.

Die Orangenfilets großzügig mit dem Sabayon nappieren, dann die Mini-Bräter in den Backofen schieben und 2–3 Minuten unter dem Backofengrill gratinieren, bis sich die Oberfläche appetitlich goldbraun färbt.

Die Sabayon-Töpfchen zum Dessert servieren oder im Rahmen meines Schmortöpfchen-Brunchs zusammen mit einem Brötchen aus dem Mini-Bräter (Rezept auf Seite 134) und pochierten Eiern mit Bacon im Schmortöpfchen (Rezept auf Seite 38).

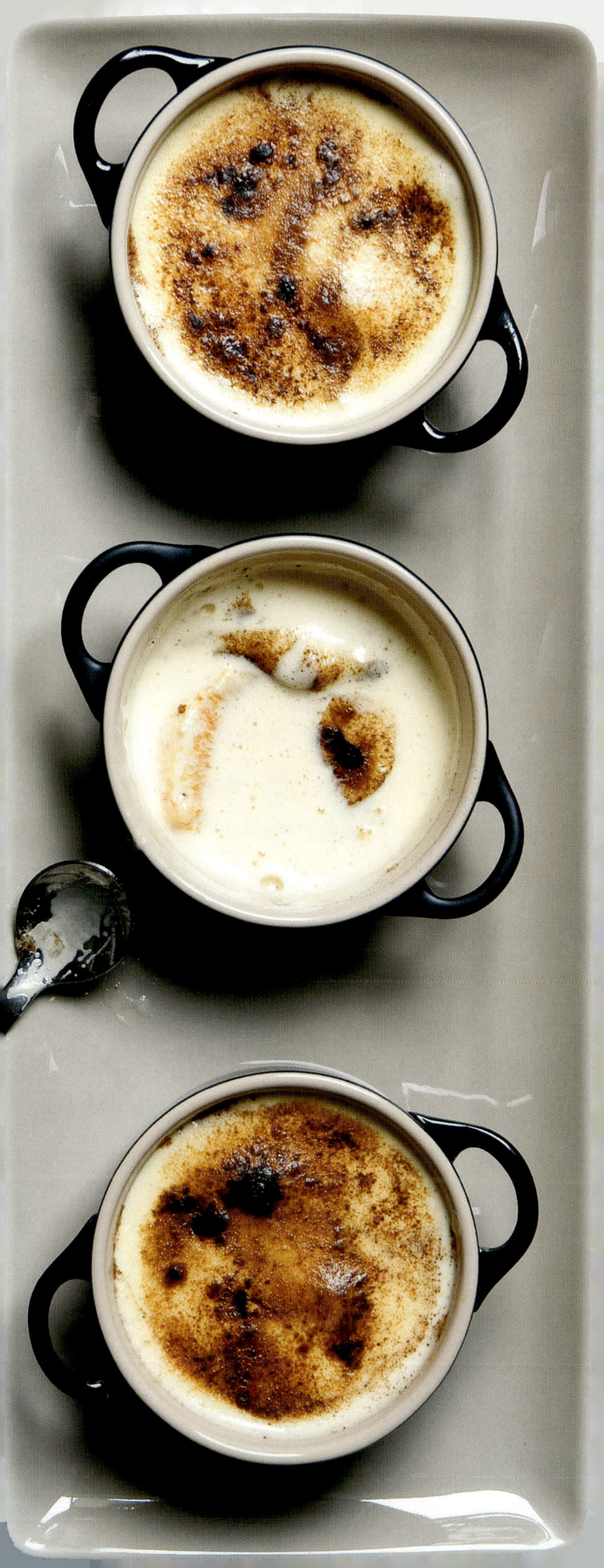

Apfel-Trockenpflaumen-Töpfchen mit Knusperkruste

FÜR 6–8 MINI-BRÄTER
Zubereitung: 40 Minuten
Garzeit: 20 Minuten

150 g extrafeiner Zucker
300 ml Calvados oder Armagnac
30 g Trockenpflaumen ohne Stein
6–8 Äpfel (Sorte nach persönlicher Vorliebe)
120 g Butter
20 g feiner Rohzucker
6–8 Blätter Brikteig oder Filoteig (siehe Seite 8)

Vorbereiten:

Einen Sirup herstellen. Dazu in einer Kasserolle die Hälfte des Zuckers in einem kleinen Glas Wasser und der Hälfte des Calvados auflösen und sanft erhitzen, bis die Flüssigkeit gerade eben zu köcheln beginnt.

Die Trockenpflaumen mit dem heißen Sirup übergießen und 30 Minuten quellen lassen.

In der Zwischenzeit die Äpfel schälen, vom Kerngehäuse befreien und in Viertel schneiden. Mit dem restlichen Zucker, dem restlichen Calvados und einem gut walnussgroßen Stück Butter 7–8 Minuten bei mittlerer Hitze in einer Kasserolle unter Rühren garen.

Die übrige Butter mit dem Rohzucker schmelzen und den Brikteig oder Filoteig mithilfe eines Backpinsels damit einpinseln.

Fertigstellen:

Den Backofen auf 170 °C vorheizen.

Die Mini-Bräter zu zwei Dritteln mit den Apfelvierteln und einigen Trockenpflaumen füllen und mit etwas Sirup beträufeln.

Den Brikteig oder Filoteig mit den Händen dekorativ zusammenschieben und in die Schmortöpfchen setzen.

6–7 Minuten im Backofen unter Aufsicht bräunen lassen, um den Bräunungsgrad zu überwachen.

Aus dem Ofen nehmen und sofort genießen.

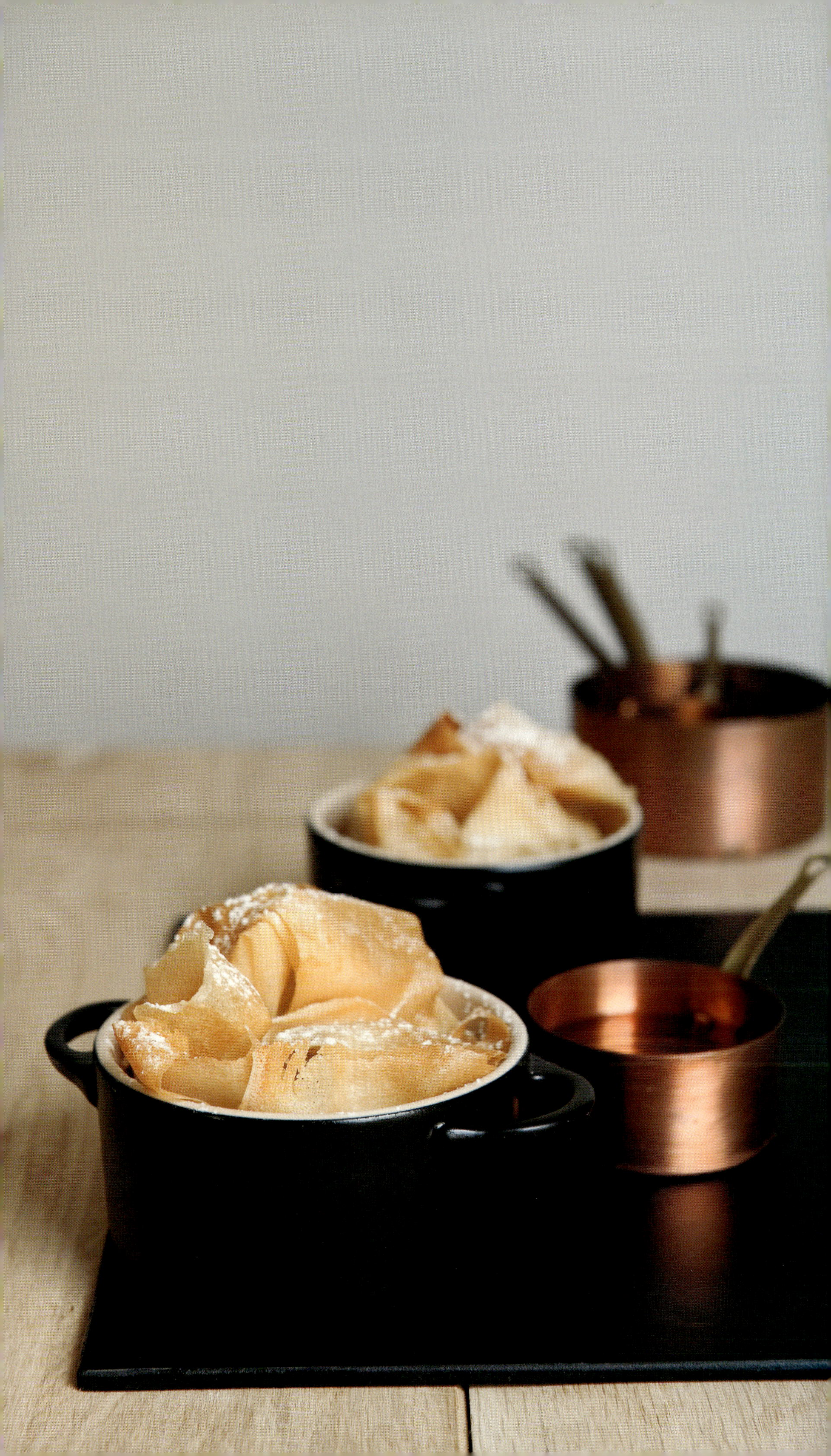

Apfelsoufflé-Cocottes

FÜR 6–8 MINI-BRÄTER
Zubereitung: 25 Minuten
Garzeit: 30 Minuten

4 oder 5 Äpfel (der Sorten Jonagold oder Renette)
40 g Zucker + 30 g
50 g weiche Butter
5 Eiweiß
1 Prise Salz

Vorbereiten:

Die Äpfel schälen, vom Kerngehäuse befreien und in große Würfel schneiden.

Die Apfelwürfel mit 20 g Zucker und einem kleinen Glas Wasser in einer Kasserolle bei mittlerer Hitze garen, bis die Flüssigkeit vollständig eingekocht ist, um ein möglichst trockenes Kompott zu erhalten. Dabei sorgfältig umrühren. In eine Schüssel umfüllen und bei Raumtemperatur beiseitestellen.

Fertigstellen:

Den Backofen auf 210 °C vorheizen.

Die Mini-Bräter mit der weichen Butter einpinseln und mit 30 g Zucker ausstreuen, dann die Töpfchen umdrehen, um überschüssigen Zucker durch leichtes Klopfen auf die Topfböden zu entfernen. In den Kühlschrank stellen, damit die Butter fest wird.

Mit dem Schneebesen oder dem Handrührer die Eiweiße mit der Prise Salz steif schlagen, dann 20 g Zucker hinzufügen und zu festem Eischnee schlagen.

Den Eischnee mit einem Silikonspatel behutsam unter das Apfelkompott heben.

Die Mini-Schmortöpfe mit der Soufflémasse füllen, die Oberfläche mit dem Spatel glätten und die Ränder mit dem Daumen und dem Zeigefinger säubern, damit die Apfelsoufflés gleichmäßig aufgehen. 12–15 Minuten im Ofen backen.

Die Schmortöpfchen sofort zu Tisch bringen, als Dessert oder als Bestandteil des Schmortöpfchen-Duos zur Teatime, zusammen mit einer Zuppa inglese (Rezept auf Seite 152) und einer schönen Tasse heißem Tee.

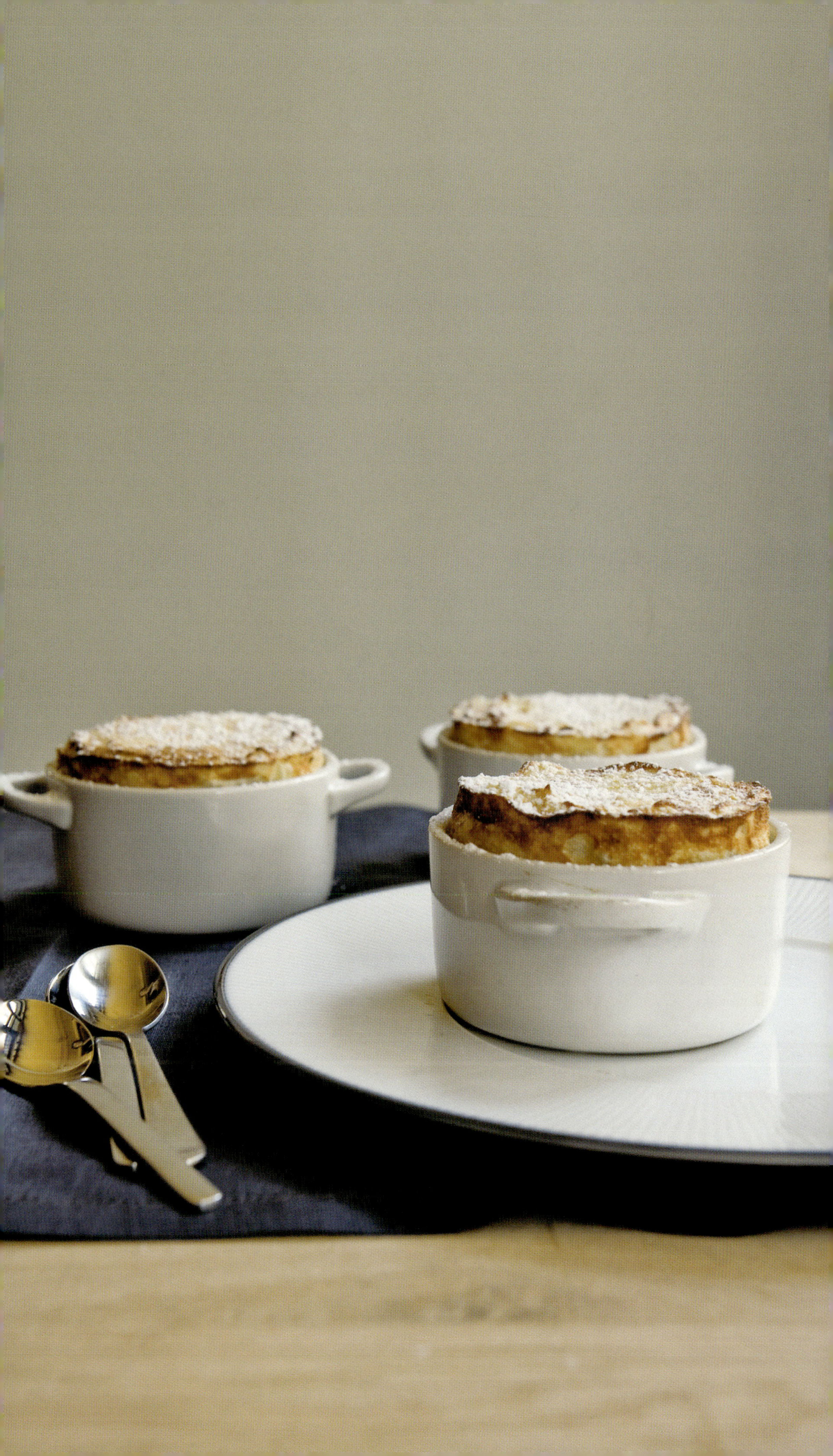

REGISTER

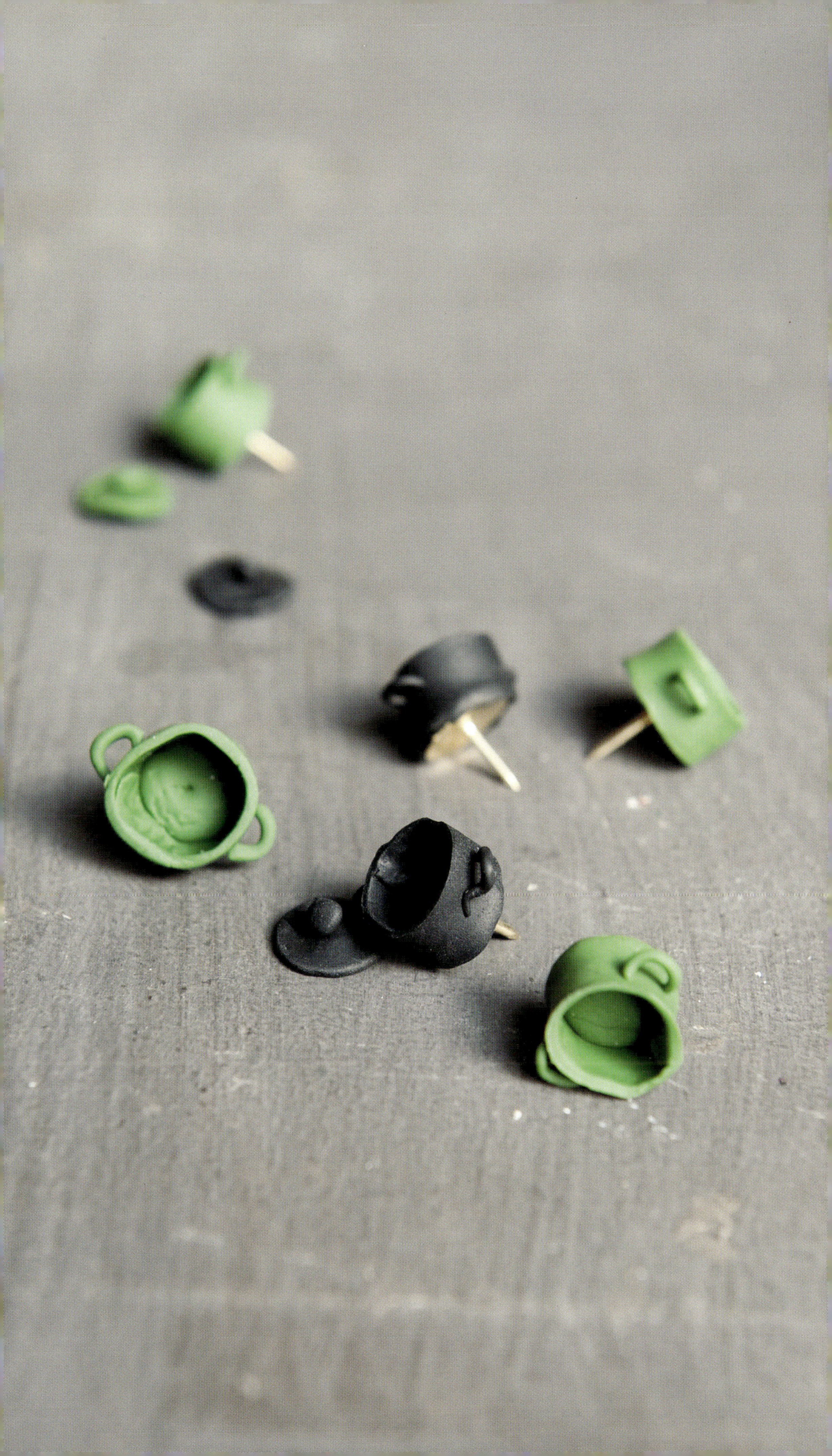

Inhalt

GUT ZU WISSEN	6

Cocottes Surprises – lauter gelungene
Überraschungen ... 8

Kressecreme-Töpfchen mit Lachs unter der
Blätterteighaube ... 12

Rotbarben-Töpfchen mit Tapenade und Schmortomaten unter einer Kruste aus Engelshaar ... 14

Knusprige Entenbrust-Töpfchen mit
Trockenfrüchten ... 16

BASICS – RAFFINIERT UNKOMPLIZIERT ... 18

Jakobsmuschel-Cocottes mit Tee und
Zitronengras ... 20

Jakobsmuscheln „escabeche" mit Gemüsestreifen
und aromatischen Gewürzen ... 22

Jakobsmuschel-Töpfchen mit Fenchel und
Parmesancrackern ... 24

Die Jakobsmuschel – 1001 Variationen ... 26

Pochierte Eier im Töpfchen mit Ziegenfrischkäse
und Minze ... 28

Gemüse-Frittata ... 30

Eier-Waldpilz-Cocottes ... 32

Baskische Eier im Schmortöpfchen ... 34

Eier in Rotweinsauce ... 36

Pochierte Eier mit Bacon im Schmortöpfchen ... 38

Das Ei – 1001 Variationen ... 40

Neue Kartoffeln, Frühlingszwiebeln und
Knoblauch im Minitopf ... 42

Feine Gemüse-Töpfchen ... 44

Kleines Käsefondue mit Gemüse ... 46

Das Gemüse – 1001 Variationen ... 48

Königinpastetchen „Cocotte" ... 50

Karamellisierte Hähnchenflügel auf
Maronenpüree ... 52

Stubenküken im Töpfchen mit Kartoffeln,
Äpfeln und Himbeeren ... 54

Das Huhn – 1001 Variationen ... 56

FEINES AUS DER BISTROKÜCHE ... 58

Bistro-Marinaden – schnell gezaubert ... 60

Tournedos vom Kaninchen mit weißen Rübchen
und Trockenpflaumen ... 62

Lammbries mit Austernpilzen und dicken Bohnen ... 64

Brokkoli-Cheddar-Flan ... 66

Ragout aus Muscheln und Krustentieren ... 68

Muscheltöpfchen mit Cidre ... 70

Schinken-Ananas-Spieße auf geschmortem
Rotkohl ... 72

Schweinebäckchen mit Coco-Bohnen ... 74

Savoyer Kartoffel-Käse-Töpfchen ... 76

Schweinerippchen mit karamellisierten neuen
Kartoffeln ... 78

KLEINE TÖPFCHEN INTERNATIONAL ... 80

Exotische Marinaden – von süß bis sauer,
von mild bis scharf ... 82

Karotten-Curry-Cocottes mit Honigkuchen ... 84

Karamellisiertes Schweinefilet im
Schmortöpfchen ... 86

Hähnchen-Garnelen-Topf auf thailändische Art ... 88

Kräuter-Chili-Fleischklößchen mit Kidneybohnen ... oder die „Chili-con-carne"-Spezialversion für den Minitopf ... 90

Blutwurst-Crumble mit Birnen und Ingwer ... 92

Seezungenfilet mit Spinat unter der Mandelbaiserhaube ... 94

Mini-Bouillabaisse ... 96

Gnocchi mit Oliven in Parmesancreme ... 98

Rote Zwiebeln im Töpfchen, gefüllt mit
Lammfleisch, Feta und Pinienkernen ... 100

Entenspießchen mit Saté-Gewürz ... 102

SOUFFLIERT UND GRATINIERT 104	Mein feines Schmortöpfchen-Duo à la Bistroküche 144
	Ente „Cocotte" mit Zitrone und Salbei
Gratinierte Auberginen „alla parmigiana" 106	+ Brokkoli-Cheddar-Flan
„Arme Ritter" im Minitopf mit Camembert und Preiselbeeren 108	Mein Schmortöpfchen-Duo „klein & fein" 146
	Ravioles du Royans in Geflügelbouillon
Mangoldgratin mit Pinienkernen 110	+ Gratinierte Auberginen „alla parmigiana"
Sardinen-Piquillos-Tian 112	Mein Schmortöpfchen-Duo für Verliebte 148
Makkaroni-Andouillette-Gratin 114	Wachtelfilet-Gänseleber-Cocottes mit Bananenchutney und Honigkuchencroutons
Garnelen-Spargel-Töpfchen mit Parmesan 116	+ Liebesapfel im Töpfchen
Mini-Kartoffelgratin mit Champignons und Spinat 118	Mein spanisches Schmortöpfchen-Duo à la Bodega 150
Kartoffel-Speck-Soufflé im Schmortöpfchen 120	Kabeljau-Chorizo-Töpfchen mit Paprikacoulis + Sardinen-Piquillos-Tian
Geflügelsoufflé mit Estragon 122	Mein süßes Duo „Cocottes zur Teatime" 152
Gänselebersoufflé 124	Zuppa inglese
	+ Financier-Soufflé mit Aprikosen
PERFEKT KOMBINIERT – IM DUO SERVIERT 126	**SÜSSE TÖPFCHEN** 154
	Financier-Soufflé mit Aprikosen 156
Mein vegetarisches Schmortöpfchen-Duo 128	Geschmorte Vanille-Honig-Tomaten 158
Gratinierte Polenta mit Tomatensauce	Liebesapfel im Töpfchen 160
+ Gemüse-Frittata	Rotweinbirnen in Mandelcreme 162
Mein Schmortöpfchen-Duo „Erde & Meer" 130	Gefüllte Mini-Ananas „Victoria" 164
Schnecken-Kammmuschel-Crumble + Garnelen-Spargel-Töpfchen mit Parmesan	Heidelbeer-Käsekuchen im Töpfchen 166
Mein exotisches Schmortöpfchen-Duo 132	Ananas-Kokos-Flan 168
Avocado-Thunfisch-Clafoutis	„Arme Ritter" mit Kokosmilch, Himbeeren und Pistazien 170
+ Ananas-Kokos-Flan	Kürbis und Maronen in Vanillecreme 172
Mein Schmortöpfchen-Duo mit Brötchen zum Brunch 134	Schokoladentraum im Minitopf 174
Brötchen aus dem Mini-Bräter	In Süßwein gegarte Früchte mit Gewürz-Sabayon 176
+ Pochierte Eier mit Bacon im Schmortöpfchen	Orangen-Sabayon mit Zimt 178
+ Orangen-Sabayon mit Zimt	Apfel-Trockenpflaumen-Töpfchen mit Knusperkruste 180
Mein Schmortöpfchen-Duo „Käse & Obst" 136	Apfelsoufflé-Cocottes 182
Feigen-Ziegenkäse-Tian mit Rosmarin	
+ „Arme Ritter" im Minitopf mit Camembert und Preiselbeeren	
Mein Schmortöpfchen-Duo fürs Picknick 138	
Bunte Linsen-Töpfchen mit Wurstscheiben	
+ Karotten-Curry-Cocottes mit Honigkuchen	
Mein ländlich-deftiges Schmortöpfchen-Duo 140	
Mini-Lammterrine mit Mangold und Ziegenkäse	
+ Neue Kartoffeln, Frühlingszwiebeln und Knoblauch im Minitopf	
Mein Schmortöpfchen-Duo für Sonntagabend 142	
Erbsen-Schinken-Clafoutis mit Boursin	
+ Feine Gemüse-Töpfchen	

Verzeichnis der Rezepte nach Zutaten

A

Äpfel
Apfelsoufflé-Cocottes 182

Apfel-Trockenpflaumen-Töpfchen mit Knusperkruste 180

Liebesapfel im Töpfchen 160

Stubenküken im Töpfchen mit Kartoffeln, Äpfeln und Himbeeren 54

Ananas
Ananas-Kokos-Flan 168

Gefüllte Mini-Ananas „Victoria" 164

Schinken-Ananas-Spieße auf geschmortem Rotkohl 72

Aprikosen
Financier-Soufflé mit Aprikosen 156

Knusprige Entenbrust-Töpfchen mit Trockenfrüchten 16

Artischocken
Feine Gemüse-Töpfchen 44

Auberginen
Gratinierte Auberginen „alla parmigiana" 106

Avocados
Avocado-Thunfisch-Clafoutis 132

B

Birnen
Blutwurst-Crumble mit Birnen und Ingwer 92

Rotweinbirnen in Mandelcreme 162

Blätterteig
Königinpastetchen „Cocotte" 50

Kressecreme-Töpfchen mit Lachs unter der Blätterteighaube 12

Bohnen
Kräuter-Chili-Fleischklößchen mit Kidneybohnen 90

Lammbries mit Austernpilzen und Dicken Bohnen 64

Schweinebäckchen mit Coco-Bohnen 74

Brikteig
Apfel-Trockenpflaumen-Töpfchen mit Knusperkruste 180

Knuspriges Entenbrust-Töpfchen mit Trockenfrüchten 16

Brokkoli
Brokkoli-Cheddar-Flan 66

Brot
Brötchen aus dem Mini-Bräter 134

E

Eier – 1001 Variationen 40

Baskische Eier im Schmortöpfchen 34

Eier-Waldpilz-Cocottes 32

Eier in Rotweinsauce 3

In Süßwein gegarte Früchte mit Gewürz-Sabayon 176

Orangen-Sabayon mit Zimt 178

Pochierte Eier im Töpfchen mit Ziegenfrischkäse und Minze 28

Pochierte Eier mit Bacon im Schmortöpfchen 38

Zuppa inglese 152

Engelshaar
Liebesapfel im Töpfchen 160

Rotbarben-Töpfchen mit Tapenade und Schmortomaten unter einer Kruste aus Engelshaar 14

Ente
Ente im Mini-Schmortopf mit Zitrone und Salbei 144

Entenspießchen mit Saté-Gewürz 102

Knusprige Entenbrust-Töpfchen mit Trockenfrüchten 16

F

Feigen
Feigen-Ziegenkäse-Tian mit Rosmarin 136

Fenchel
Jakobsmuschel-Töpfchen mit Fenchel und Parmesancrackern 24

Filoteig
Apfel-Trockenpflaumen-Töpfchen mit Knusperkruste 180

Knuspriges Entenbrust-Töpfchen mit Trockenfrüchten 16

Fisch
Avocado-Thunfisch-Clafoutis 132

Kabeljau-Chorizo-Töpfchen mit Paprikacoulis 150

Kressecreme-Töpfchen mit Lachs unter der Blätterteighaube 12

Mini-Bouillabaisse 96

Rotbarben-Töpfchen mit Tapenade und Schmortomaten unter einer Kruste aus Engelshaar 14

Sardinen-Piquillos-Tian 112

Seezungenfilet mit Spinat unter der Mandelbaiserhaube 94

Fleisch

Karamellisiertes Schweinefilet im Schmortöpfchen 86

Kräuter-Chili-Fleischklößchen mit Kidneybohnen 90

Lammbries mit Austernpilzen und Dicken Bohnen 64

Mini-Lammterrine mit Mangold und Ziegenkäse 140

Rote Zwiebeln im Töpfchen, gefüllt mit Lammfleisch, Feta und Pinienkernen 100

Schweinebäckchen mit Coco-Bohnen 74

Schweinerippchen mit karamellisierten neuen Kartoffeln 78

Tournedos vom Kaninchen mit weißen Rübchen und Trockenpflaumen 62

Foie gras

Gänselebersoufflé 124

Wachtelfilet-Gänseleber-Töpfchen mit Bananenchutney und Honigkuchencroutons 148

Früchte *siehe* Obst

G

Gänsestopfleber *siehe* Foie gras

Garnelen

Garnelen-Spargel-Töpfchen mit Parmesan 116

Hähnchen-Garnelen-Topf auf thailändische Art 88

Geflügel

Ente im Mini-Schmortopf mit Zitrone und Salbei 144

Entenspießchen mit Saté-Gewürz 102

Gänselebersoufflé 124

Geflügelsoufflé mit Estragon 122

Hähnchen-Garnelen-Topf auf thailändische Art 88

Knusprige Entenbrust-Töpfchen mit Trockenfrüchten 16

Königinpastetchen „Cocotte" 50

Karamellisierte Hähnchenflügel auf Maronenpüree 52

Ravioles du Royans in Geflügelbouillon 146

Stubenküken im Töpfchen mit Kartoffeln, Äpfeln und Himbeeren 54

Wachtelfilet-Gänseleber-Töpfchen mit Bananenchutney und Honigkuchencroutons 148

Gemüse – 1001 Variationen 48

Brokkoli-Cheddar-Flan 66

Erbsen-Schinken-Clafoutis mit Boursin 142

Feine Gemüse-Töpfchen 44

Garnelen-Spargel-Töpfchen mit Parmesan 116

Gemüse-Frittata 30

Gratinierte Auberginen „alla parmigiana" 106

Gratinierte Polenta mit Tomatensauce 128

Karotten-Curry-Cocottes mit Honigkuchen 84

Kleines Käsefondue mit Gemüse 4

Mangoldgratin mit Pinienkernen 110

Neue Kartoffeln, Frühlingszwiebeln und Knoblauch im Minitopf 42

Schinken-Ananas-Spieße auf geschmortem Rotkohl 72

Savoyer Kartoffel-Käse-Töpfchen 76

Schweinebäckchen mit Coco-Bohnen 74

Seezungenfilet mit Spinat unter der Mandelbaiserhaube 94

Tournedos vom Kaninchen mit weißen Rübchen und Trockenpflaumen 62

H

Heidelbeeren

Heidelbeer-Käsekuchen im Töpfchen 166

Himbeeren

„Arme Ritter" mit Kokosmilch, Himbeeren und Pistazien 170

Huhn – 1001 Variationen 56

Geflügelsoufflé mit Estragon 122

Hähnchen-Garnelen-Topf auf thailändische Art 88

Königinpastetchen „Cocotte" 50

Karamellisierte Hähnchenflügel auf Maronenpüree 52

Stubenküken im Töpfchen mit Kartoffeln, Äpfeln und Himbeeren 54

J

Jakobsmuscheln – 1001 Variationen 26

Jakobsmuschel-Cocottes mit Tee und Zitronengras 20

Jakobsmuscheln „escabeche" mit Gemüsestreifen und aromatischen Gewürzen 22

Jakobsmuschel-Töpfchen mit Fenchel und Parmesancrackern 24

K

Kadaifteig *siehe* Engelshaar

Kaninchen
- Tournedos vom Kaninchen mit weißen Rübchen und Trockenpflaumen 62

Karotten
- Feine Gemüse-Töpfchen 44
- Gemüse-Frittata 30
- Jakobsmuscheln „escabeche" mit Gemüsestreifen und aromatischen Gewürzen 22
- Karotten-Curry-Cocottes mit Honigkuchen 84

Kartoffeln
- Gnocchi mit Oliven in Parmesancreme 98
- Karamellisierte Hähnchenflügel auf Maronenpüree 52
- Kartoffel-Speck-Soufflé im Schmortöpfchen 12
- Mini-Bouillabaisse 96
- Mini-Kartoffelgratin mit Champignons und Spinat 118
- Neue Kartoffeln, Frühlingszwiebeln und Knoblauch im Minitopf 42
- Savoyer Kartoffel-Käse-Töpfchen 76
- Schweinerippchen mit karamellisierten neuen Kartoffeln 78

Käse
- „Arme Ritter" im Minitopf mit Camembert und Preiselbeeren 108
- Brokkoli-Cheddar-Flan 66
- Erbsen-Schinken-Clafoutis mit Boursin 142
- Feigen-Ziegenkäse-Tian mit Rosmarin 136
- Garnelen-Spargel-Töpfchen mit Parmesan 116
- Gnocchi mit Oliven in Parmesancreme 98
- Heidelbeer-Käsekuchen im Töpfchen 166
- Jakobsmuschel-Töpfchen mit Fenchel und Parmesancrackern 24
- Kleines Käsefondue mit Gemüse 46
- Mini-Lammterrine mit Mangold und Ziegenkäse 140
- Pochierte Eier im Töpfchen mit Ziegenfrischkäse und Minze 28
- Rote Zwiebeln im Töpfchen, gefüllt mit Lammfleisch, Feta und Pinienkernen 100
- Savoyer Kartoffel-Käse-Töpfchen 76

Kohl
- Jakobsmuschel-Cocottes mit Tee und Zitronengras 20
- Jakobsmuscheln „escabeche" mit Gemüsestreifen und aromatischen Gewürzen 22
- Schinken-Ananas-Spieße auf geschmortem Rotkohl 72

Kokosmilch
- Ananas-Kokos-Flan 168
- „Arme Ritter" mit Kokosmilch, Himbeeren und Pistazien 170

Kuchen
- Heidelbeer-Käsekuchen im Töpfchen 166
- Schokoladentraum im Minitopf 174

Kürbis
- Kürbis und Maronen in Vanillecreme 172

L

Lamm
- Lammbries mit Austernpilzen und Dicken Bohnen 64
- Mini-Lammterrine mit Mangold und Ziegenkäse 140
- Rote Zwiebeln im Töpfchen, gefüllt mit Lammfleisch, Feta und Pinienkernen 100

Linsen
- Bunte Linsen-Töpfchen mit Wurstscheiben 138

M

Mandeln
- Rotweinbirnen in Mandelcreme 162
- Seezungenfilet mit Spinat unter der Mandelbaiserhaube 94

Mangoldgratin mit Pinienkernen 110

Marinaden
- Bistro-Marinaden – schnell gezaubert 60
- Exotische Marinaden – von süß bis sauer, von mild bis scharf 82

Maronen
- Karamellisierte Hähnchenflügel auf Maronenpüree 52
- Kürbis und Maronen in Vanillecreme 172

Mascarpone
- Heidelbeer-Käsekuchen im Töpfchen 166

Meeeresfrüchte (siehe auch Muscheln)
- Garnelen-Spargel-Töpfchen mit Parmesan 116
- Hähnchen-Garnelen-Topf auf thailändische Art 88
- Mini-Bouillabaisse 96

Muscheln
- Jakobsmuschel-Cocottes mit Tee und Zitronengras 20
- Jakobsmuscheln „escabeche" mit Gemüsestreifen und aromatischen Gewürzen 22
- Jakobsmuschel-Töpfchen mit Fenchel und Parmesancrackern 24
- Mini-Bouillabaisse 96
- Muscheltöpfchen mit Cidre 70

Ragout aus Muscheln und Krustentieren 68

Schnecken-Kammmuschel-Crumble 130

O

Obst

Ananas-Kokos-Flan 168

Apfel-Trockenpflaumen-Töpfchen mit Knusperkruste 180

Apfelsoufflé-Cocottes 182

Feigen-Ziegenkäse-Tian mit Rosmarin 136

Financier-Soufflé mit Aprikosen 156

Gefüllte Mini-Ananas „Victoria" 164

Heidelbeer-Käsekuchen im Töpfchen 166

In Süßwein gegarte Früchte mit Gewürz-Sabayon 176

Knusprige Entenbrust-Töpfchen mit Trockenfrüchten 16

Liebesapfel im Töpfchen 160

Orangen-Sabayon mit Zimt 178

Rotweinbirnen in Mandelcreme 162

Oliven

Gnocchi mit Oliven in Parmesancreme 98

Orangen

Orangen-Sabayon mit Zimt 178

P

Pasta

Makkaroni-Andouillette-Gratin 114

Ravioles du Royans in Geflügelbouillon 146

Pflaumen

Knusprige Entenbrust-Töpfchen mit Trockenfrüchten 16

Tournedos vom Kaninchen mit weißen Rübchen und Trockenpflaumen 62

Pilze

Eier-Waldpilz-Cocottes 32

Königinpastetchen „Cocotte" 50

Lammbries mit Austernpilzen und Dicken Bohnen 64

Q

Quark

Heidelbeer-Käsekuchen im Töpfchen 166

R

Rindfleisch

Kräuter-Chili-Fleischklößchen mit Kidneybohnen 90

S

Schinken

Erbsen-Schinken-Clafoutis mit Boursin 142

Pochierte Eier mit Bacon im Schmortöpfchen 38

Schinken-Ananas-Spieße auf geschmortem Rotkohl 72

Schnecken

Schnecken-Kammmuschel-Crumble 130

Schokolade

Schokoladentraum im Minitopf 174

Schweinefleisch

Karamellisiertes Schweinefilet im Schmortöpfchen 86

Schweinebäckchen mit Coco-Bohnen 74

Schweinerippchen mit karamellisierten neuen Kartoffeln 78

Spargel

Garnelen-Spargel-Töpfchen mit Parmesan 116

Spinat

Seezungenfilet mit Spinat unter der Mandelbaiserhaube 94

T

Tomaten

Geschmorte Vanille-Honig-Tomaten 158

Topinambur

Feine Gemüse-Topfchen 44

W

Wachteln

Wachtelfilet-Gänseleber-Töpfchen mit Bananenchutney und Honigkuchencroutons 148

Wurst

Blutwurst-Crumble mit Birnen und Ingwer 92

Bunte Linsen-Töpfchen mit Wurstscheiben 138

Kabeljau-Chorizo-Töpfchen mit Paprikacoulis 150

Makkaroni-Andouillette-Gratin 114

Z

Zwiebeln

Rote Zwiebeln im Töpfchen, gefüllt mit Lammfleisch, Feta und Pinienkernen 100

Danksagung

Ein großes Dankeschön an Charlotte und Élodie für ihren guten Geschmack, ihre Professionalität und ihre Freude am Essen.

Auch meinen „Küchenkomplizen" Jérome, Carine und dem ganzen Team vom Café Noir gilt mein Dank.

Vielen Dank auch an Christophe, meinen Freund und Kompagnon, der stets bereit ist, besondere Momente mit mir zu teilen und einen aufmerksamen Blick hat für alle Details.

Nicht zu vergessen natürlich das gesamte Team von Marabout.

Unser Verlagsprogramm finden Sie unter
www.christian-verlag.de

Übersetzung aus dem Französischen: Susanne Kammerer
Textredaktion: Silvia Rehder
Korrektur: Julia Kaufhold
Satz: Studio Fink, Krailling
Umschlaggestaltung: Caroline Daphne Georgiadis,
Daphne Design

Copyright © 2010 für die deutschsprachige Ausgabe:
Christian Verlag GmbH, München

Die Originalausgabe mit dem Titel
Menus Cocottes wurde erstmals 2009 im Verlag Marabout, Paris, veröffentlicht.

Copyright © 2009: Hachette Livre, Marabout

Die Deutsche Nationalbibliothek verzeichnet diese Publikation in der Deutschen Nationalbibliografie; detaillierte bibliografische Daten sind im Internet über http://dnb.d-nb.de abrufbar.

Printed in Spain by Gráficas Estella

Alle deutschsprachigen Rechte vorbehalten.

ISBN 978-3-88472-888-8

Alle Angaben in diesem Werk wurden vom Autor sorgfältig recherchiert und auf den aktuellen Stand gebracht sowie vom Verlag geprüft. Für die Richtigkeit der Angaben kann jedoch keinerlei Haftung übernommen werden.
Für Hinweise und Anregungen sind wir jederzeit dankbar.
Bitte richten Sie diese an:
Christian Verlag
Postfach 400209
80702 München
E-Mail: lektorat@verlagshaus.de